# 创业

# 是人生的修行

成 杰◎口述　　梧 桐◎著

中国水利水电出版社
www.waterpub.com.cn

·北京·

## 内 容 提 要

《创业是人生的修行》一书以作者追梦为起点，引出创业之缘起。讲述了在创业的过程中，如何一步步组建团队，招贤纳士；如何带领团队突破困境，杀出重围，浴火重生；如何设计产品，并不断更新迭代，重塑产品；如何设计商业模式，制定正确的经营战略；如何构建企业文化，打造有魂的组织，等等。

**图书在版编目（CIP）数据**

创业是人生的修行 / 成杰口述；梧桐著. —北京：
中国水利水电出版社，2023.5
　　ISBN 978-7-5226-1456-4

　　Ⅰ．①创… Ⅱ．①成… ②梧… Ⅲ．①创业—研究—
中国 Ⅳ．① F249.214

中国国家版本馆 CIP 数据核字（2023）第 050053 号

| 书　　名 | 创业是人生的修行<br>CHUANGYE SHI RENSHENG DE XIUXING |
|---|---|
| 作　　者 | 成 杰　口述<br>梧 桐　著 |
| 出版发行 | 中国水利水电出版社<br>（北京市海淀区玉渊潭南路 1 号 D 座 100038）<br>网址：http://www.waterpub.com.cn<br>E-mail：zhiboshangshu@163.com<br>电话：（010）62572966-2205/2266/2201（营销中心） |
| 经　　售 | 北京科水图书销售有限公司<br>电话：（010）68545874、63202643<br>全国各地新华书店和相关出版物销售网点 |
| 排　　版 | 北京智博尚书文化传媒有限公司 |
| 印　　刷 | 北京富博印刷有限公司 |
| 规　　格 | 148mm×210mm　32 开本　8 印张　186 千字 |
| 版　　次 | 2023 年 5 月第 1 版　2023 年 5 月第 1 次印刷 |
| 印　　数 | 00001—12000 册 |
| 定　　价 | 69.80 元 |

# 觉醒时刻

时序更替，忽而岁末。冬日漫长而艰辛，万物蛰伏于天地。

生命更迭，季节轮回里，我们偶尔会问自己：活着到底是为了什么？为了如泉水般源源不竭的希望，等待鲜花重开、候鸟回归、群星闪烁、日月浮沉；更是为了等待生命中那些如黎明般的觉醒时刻，启迪心灵、涤荡灵魂、乍然开悟、明心见性。

每个人的生命都有不同的觉醒时刻，而我人生的觉醒源于三个时刻。

## 活出来

活出来，活出比"生存"更高级的状态，追求人生的梦想与成功。2001年2月16日，不甘平凡的我，不甘心将自己的一生埋在大凉山，埋在似乎永远都种不完的耕田里。

我不断告诉自己——走出去更精彩。于是，怀揣着一份对美好生活的梦想和改变命运的勇气，我走出大凉山，来到四川绵阳，开始人生的奋斗之旅。

这是我人生觉醒的第一个时刻，我把它叫作"拼命"，挑战貌似强悍的命运，并与之奋力一搏，然后追求人生的梦想与成功。

在拼命改变命运的过程中，我深刻感受到：渴望是拥有的开始，相信是万能的开始。我渴望让自己的人生"活出来"，我渴望我的人生可以更精彩。

我相信，只要通过自身不断的努力，我的未来就不是梦，我会变得出类拔萃，变得更成功。

想，要壮志凌云；做，要脚踏实地。

因为没有学历、没有背景、没有资源、没有社会关系，我曾经长达 63 天找不到工作、流浪街头。随后，我做过餐厅服务员、空调安装工、搬运工、流水线工人，卖过报纸、摆过地摊。那时候，我白天在工厂上班，晚上在马路边摆地摊卖书。我如此疯狂地努力不仅仅是为了赚取更多的钱，更是为了让自己能有更多阅读、学习、成长和锻炼的机会。

2003 年，两年的省吃俭用，让我实现了梦寐以求的梦想——开一家书店。日子非常舒适，我曾以为这就是我向往的生活，可以在书海里自由翱翔。

时间一天天过去，书店刚开三个半月，我迎来了人生又一次重大转折。

2003 年 7 月 17 日下午 3 点，我接到了一通来自好朋友李显耀的电话。他告诉我晚上 7 点有一场演讲，问我是否要去听一下。当时的我无比热衷演讲，一听有演讲课，非常兴奋，当即决定去。

这是我人生中听到的第一场演讲。老师站在舞台上魅力四射地演讲，深深吸引和震撼着我。我在想，这不就是我梦寐以求的舞台吗？这不就是我向往的人生吗？于是我下定决心，义无反顾地放下书店，走进了教育培训行业的大门。

当时，很多人都认为我"疯"了。但是，我清楚地知道我要成为什么样的人，我的人生到底要走向何方。于是，我在最短的时间内采取最大量的行动，开始疯狂地拜访顾客、推销课程，我很快就成了销售冠军。

2004年年初，老师转行，公司没了，团队散了。我告诉自己，哪怕只剩一兵一卒，我也要坚持到底。因为我深信，"剩"者为王。于是，我开始在绵阳各大高校进行免费演讲。在短短4个月的时间里，我讲遍了当时绵阳所有的大中专院校。随后，又开始走进企业进行免费演讲。最高纪录是，我一天去了7家不同的企业做了7场演讲。在短短8个月的时间里，我一共免费演讲了640场。

皇天不负有心人，640场免费演讲之后，我终于迎来了人生的第一场收费演讲。不过400元，却似乎让我相信，只需要一寸冰封的土地，就可以培育出千千万万朵怒放的鲜花。

## 活精彩

活精彩，活出生命的价值，追求人生的意义。

在不断努力、不断拼命的过程中，我越来越感觉到教育的意义和价值，深刻认识到教育所赋予的神圣感和使命感。

2008 年 6 月 12 日，我参加了一场主题为"跨越天山的爱·川疆连心大型义讲"。这次演讲让我的梦想再次飞翔，我找到了我人生的梦想与使命——用毕生的时间和精力来捐建 101 所希望小学。

有梦的人生最美！

彼时，我的灵魂被这份使命感赋予强大而持久的能量，我的生命因这份使命感绽放出熠熠光彩。

于是，为了这个梦想，我放弃了无数人羡慕的职位、光环，一切从零开始，走向了创业之路。

2008 年 10 月，我在上海创办了巨海公司，使命的力量推动着我们不断前行。通过不懈的努力，巨海从上海一家默默无闻的小公司，开始慢慢走向全国。时至今日，我们巨海公司已经在全国开设了百余家分（子）公司及联营公司，将巨海的旗帜插遍了祖国的大江南北。

14 年来，我们已经成功捐建了 18 所希望小学，一对一资助了 2500 多位贫困学生，帮助和影响了超过上万家企业成长和发展，通过我们巨海课程受益的学员达上百万人次。

一直以来，我们立身教育培训，立志帮助人、影响人和成就人，我们巨海人将用内心之火和精神之光去照耀亿万中国企业家的生命。


## 活明白

活明白，活出生命的境界，追求的是人生的智慧与觉醒。

2012 年，我 30 岁。孔子说："吾十有五而志于学，三十而立，四十不惑，五十而知天命。"在中国，我们经常会通过"三十"这个时间来确定一个人的成熟界线。人们认为，人在 30 岁时就应该确定自己的人生目标与发展方向，并渐渐有所成就。

我常常庆幸，在我 26 岁的时候，就已经确定了我人生的梦想与使命。30 岁那一年，我结合自己的人生经验和感悟，写出了《生命智慧的十大法门》。此文一出，无数人受到了感染和影响。于是，我立志用《生命智慧的十大法门》来影响更多人向上向善、生命觉醒。

时至今日，《生命智慧的十大法门》已不仅仅是一篇文章，它生发成一门课程，出版成畅销书，制作成音乐，绘制成沙画。在此基础上，更有了一系列的文创产品。

何谓智慧？

每日求知为智，内心丰盛为慧。

要想让自己的事业成功、人生圆满，就需要智慧的滋养。如果生命是一架飞机，那么智慧和慈悲就是飞机的双翼。

我感恩自己写下了《生命智慧的十大法门》，它不仅帮助了别人，也让我的人生充满了价值和意义，让我的生命更通透明白，灵魂更清醒睿智。

我是我生命的代言人！活出来，靠的是拼命；活精彩，靠的是使命；活明白，靠的是"慧命"。

觉醒时刻，恍如破茧成蝶，乍然初醒。于迷茫中，超越自我；于黑暗中，触摸阳光。

觉醒时刻，犹如凤凰涅槃，投身火海。于苦难中，突破过往；于轮回里，浴火重生。

希望我们每个人在当下觉醒，遇见生命中更好的自己。

希望在未来的道路上，我们都拥有大美丰盛、圆满自在的人生。

成　杰

2022 年 7 月 18 日

## 赞美破碎与泥泞，也赞美觉醒与成长

2022 年，一个叫《二舅》的视频火爆全网。在大多数人感慨二舅以残疾的身体和坎坷的命运执着于善良与勤劳铺成的人生轨迹时，我更相信，这个世界上的大多数人，其实都裹挟在自己的命运里，满目沧桑、满身风尘。而在这个世界上无数我们看不到的角落里，还蛰伏着比二舅更残酷的人生。

2017 年，我因为工作结缘了巨海以及成杰老师。通过采访、课程、生活中的接触，我相信我更能多元化地了解与判断巨海这家公司对于个人、家庭，乃至社会的价值。他曾经陷于命运的泥沼，也曾在穿越荆棘时遍体鳞伤，但悬于他头上的星星从未黯然，他策马奔腾时从未迷失方向。他于贫瘠中探寻生机，于平凡中创造辉煌，于泥沼处仰望星空，于成功时实践梦想。

是的，单纯地赞美破碎与泥泞，不过是治愈个人的矫情与无知。但那些黑暗中的勇敢、破碎中的成长、泥泞中的觉醒才是我们真正值得赞美的光芒与力量。

我用 4 年时间跟随《创业是人生的修行》这本书的采访、创作与续写，也见证了巨海 14 年的奋斗、发展与破局。相对于大多数顾客看到的成杰老师在演讲舞台上的熠熠生辉，在创业道路上的奋起拼搏，以及在公益事业中的孜孜不倦，我曾看到过精力过人的他卸下盔甲之后也有偶尔的倦怠；听到过向来笃定的他于时代洪流急转直下发出的短暂困惑；也亲身感受过光环之下、谢幕以后，他依然保持着如稻谷般质朴与光洁的灵魂底色。

我曾站在大凉山热辣的太阳下，感受到成杰老师贫瘠而滚烫的童年；我曾穿行于四川绵阳从未超越于时代的街道，去寻找那个卖过报纸、摆过地摊、街头演讲的身影；我也曾立于黄浦江前，在滔滔滚滚的江水里倾听萦绕了十余年依然清晰可闻的诵读声……

我在新闻专业毕业论文答辩时讲到关于"体验"与"共情"之间的关系。对于已经踏上新闻工作岗位再去修造的这份学业，我如履薄冰、充满敬畏。我认为，一个没有悲悯之心的新闻工作者是无法直击读者的心灵的，也无法彰显传媒的价值；但一个没有真实观察与体验，就随随便便写下自己的观点的作者，也许可以完成优秀的创作，但一定无法实现对新闻、事件、历史最真实的还原。

所以，在这本书里，我用自己的写作习惯和个人经历赋予其文字的修饰、情感的共鸣，但唯独不敢去篡改的是巨海 10 余年来的奋斗履历与社会价值。无数次心潮澎湃，也无数次泪湿眼眶。曾经也质疑过自己的人生，平庸而单薄，无有作为。

所幸，见过那些与巨海携手一步步向上向前的优秀企业家对巨海平台的尊重与感恩；亲自穿越过悬崖峭壁上的险峻山路到达巨海希望小学，看到孩子们对未来与知识渴望的纯真眼神，我会相信，这个世界本不公平，但唯有那些在苦难中崛起的人，以一颗感恩、利他之心，持续回馈着这个世界，才是真正的英雄。

所以每每此刻，我无比珍惜与热爱自己工作的意义与价值。《百年孤独》的作者马尔克斯说："活着就是为了讲述。"而我觉得，活着就是为了赞美。在这本书里，我赞美破碎与泥泞，也赞美觉醒与成长。

也许漫长人生，每一个你我都曾面临他人的质疑、舆论的打压、竞争的挑衅，但真正的强者，便是按照自己对于成功与幸福的理解，清醒、从容、喜悦地度过一生。

梧　桐

2022 年 8 月 18 日

# 目录

第一章

# 追风少年　筑梦凉山

他们一代一代地坚持，一代一代地隐忍，在平庸生活里等待，总会有那么一颗神奇的种子觉醒与迸发。

# 写给父亲的信：父亲的传家宝

父亲：

我又想您了。

写下这封信的时候，您已经离世 8 年有余。您在世时，我从来没有说过这句话吧？不像现在，我每次出差时间长一点儿，儿子就会奶声奶气地问："爸爸你多久回来呀？我想你了。"

爱的表达，在我们身处的这个时代，是孩子们取之不竭的日用品。但在我的童年，应该算是奢侈品了。

其实小的时候，我也很少看到您。农忙时节，每天天不亮，您已经拎着农具和干粮去地里干活了。幼时的我在院坝里玩累了，便常常斜坐在门槛上，看着夕阳一点点沉下来，然后看您披着一身金色的余晖回家。您放下农具，一把将欣喜若狂的我抱进屋，然后坐下来狼吞虎咽地吃下快凉透的饭菜。

晴朗的夜里，您也会趁着月色下田，灌水、犁地、撒种或者插秧。对于一个农人而言，多抢一些时间，就是和老天爷多争取一份收成。

有时候我也会跟您去田里，看您把地犁出利落的线条，连田埂上的杂草都锄得干干净净。长大后看五线谱，会不由自主地想起您犁的地。而您播下的种子长出的庄稼就像五线谱上的音符，为我的童年奏出一幅幅美好的音乐篇章。

在我的印象里，除了日出而作，日落而息，您不挑剔、不责备、不抱怨。或许在您的价值观里，当生活的真相已经一览无遗时，除了主动改变它，连叹息都会觉得是在浪费力气。

除了种田，您还会盖房子。这是您优于他人的一项生活技能。村里八成以上的土坯房都是您和您带的徒弟建起来的。在我9岁那年，在我们家居住条件尚可的情况下，您还坚持推倒了老屋重建。您说自己是盖房子的，一定要让自己家里人也住上最好的房子。每每说到这里，我都会忍不住感到骄傲和自豪。

人生来平等。但是关于贫穷，其实也分三六九等。

有一种穷是安于现状，只求温饱，不求上进。有一种穷是努力与生活赛跑，即使总是被命运嘲弄，但他们一生都在追求极致，成为精神上的贵族。因为极致本身就是一种昂贵的艺术品。而您就是这件艺术品的拥有者，并将它作为传家宝毫无保留地亲自递交给我。

现代人说教育孩子需要"富养"，只有我知道，精神的富足与灵魂的丰沛远远超过单纯的物质满足。

"做事精益求精，做人追求卓越。"多年后，这句话成为我做人做事的准则，而它又何尝不是您用自己一生的劳作一点一滴积累起来的生命智慧呢？

写到这里的时候，我仿佛又看到那个目光执着而坚定的老人，脸上沟壑纵横，但每一条皱纹都显得异常温柔而慈悲。

是的，您赋予我的另一种精神财富就是爱与慈悲。

您的一生，漫长而短暂。说它漫长，是因为从小您便开始独自面对苦难与饥饿，用微薄的力量去抵御生命的寒凉；长大后结

婚生子，一个人，两只手，几亩田，撑起一家四口，举步维艰。说它短暂，是眼看儿子事业起步，经济条件刚刚好转，但多年积劳成疾的病痛又反复纠缠，让您身心俱疲，直到最终离我们而去。

但就是这样看似苦难的一生，却从不妨碍您的乐观与坚韧在板结的泥土里一点点生根、发芽，直到开出如向日葵那样倔强而明亮的花。

在您的顽强里，我见证过您的两次落泪。

在我11岁那年，因为出水痘高烧不退，急火攻心的您背着我走了30多里的山路，连夜把我送去县城医院。折腾了半夜，经过治疗的我沉沉睡去。早上我被第一缕射进窗户的阳光唤醒，睁开眼，看见趴在床边的您。您在病床边照顾了我一个晚上，直到护士过来，您紧紧地跟随她出去询问病情，回来的时候，我看见您未及擦拭的泪痕。

再大一些，在我12岁那年，我们家花1650元买了一匹马。之所以记得如此清楚，是因为在20多年前的四川大凉山老家，这1650元无疑是一笔巨款，甚至是我们家的全部存款。您渐渐上了年纪，有了这匹马，在交通落后的当时，确实可以省好多时间和力气。

但让这匹马从最开始的桀骜不驯到后来的温良臣服，您花了很多心血。有一次，马儿偷跑出去，您徒步追了整整一天，追了上百里山路，终于把它追了回来。夜里您脱下鞋袜，发现脚上被磨出好几个血泡。

两年后，马儿病了。您把它送进兽医站，花了近半年的时间精心治疗与照顾，最终徒劳无功。您沉默了好几天。在我看来，那对于我们家是一笔巨大的经济损失，您心痛也是合理的。

那年冬天，我们一家人在堂屋里烤火、聊天，不知怎的，又说起了马儿。忽明忽暗的火光下，我又一次看见您泪光闪烁。那时我才明白，在您心里，那些陪伴过我们、帮助过我们的生灵，都曾让您如此怜惜。小时候，"父亲"的意义是亲人，关心我、照顾我、保护我；长大后，"父亲"的意义是天空，无论我做出怎样的决定，都会理解我、包容我，并且任我飞翔；而现在，"父亲"的意义是爱。爱给我们的生命以力量，爱给我们的梦想以支撑，爱给我们的灵魂以温度。

真正的爱默默无言，却终究让我们的生命血肉丰满、让家族精神代代相传。

您从来没有上过学，没有念过书。但您却不断通过自己努力地生活，将提炼到的种种人生哲学传授于我。

比如"担当"。

2004年1月，您给村里人盖房子，一不留神，从二楼摔了下来，摔断了三根肋骨。那时我在绵阳打拼，经济拮据，借钱买了火车票回家，却发现您为了省钱不肯去医院，自己买了止痛药和消肿药膏在家养伤。

您本可以让雇主赔偿医药费，但您这一辈子最怕麻烦别人，凡事都是自己一力承担。而流着与您相同血液的我，也渐渐养成了遇到问题不推诿、遇到责任不转嫁的习惯。

比如"利他"。

带着徒弟们盖房子是您牵头，价格是您谈，干活是您打主力，但是收工钱的时候，从来都是平均分配。在您的价值观里，没有多劳多得，只有人多力量大。

您一生贫苦，但受人敬重。而这，就是因为您蕴藏在身体里的"领袖精神"。我将这种精神暗暗揣摩，提炼放大，便成为我取之不尽的智慧源泉。

每年清明，我都会到您坟前上香。有时候颇有些自责，自己没有如您所愿在您生前结婚生子，让您亲手抱一抱小孙儿。如果还有来生，我真想陪您走遍祖国山河、世界各地；又或者，我只是轻轻握着您的手，跟您说一声："爸爸，我爱你！"

这个"爱"，是我出走半生却最终没有弥补的遗憾；也是我成为您的骄傲与家族的荣耀时不曾表达过的感激；更是我穷其一生不断追寻生命的价值时，回过头才发现的心灵归宿。

但我相信您从未离开。

有人说，每个逝去的人都会成为天上的一颗星星，守护着他们爱的人。我深信不疑。

这个信念，让我在面对一些困惑或抉择的时候，想着：如果是您，会给我怎样的答案。

这个信念，让我在偶感疲惫的夜里，想起您沐浴着星光在田间劳作的身影时，便精神百倍、重获能量。

这个信念，也让我在不断开拓事业疆土的同时，提醒自己永远不要忘记体恤与照拂他人。

此后，有星光的夜里，我都会想您。

2019 年 4 月 5 日清明节

成杰于四川大凉山西昌老家

他悲悯，他也感恩。他热爱自己被黄土夯实的少年时代，他也热爱生他养他的父母亲人。但和漫长人生路上不可预知的未来相比，他不愿意自己葱葱郁郁的生命就在这座土屋里早早被预设成和父母一样的人生。

## 混沌人世里最初的学校

从西昌市往东南方向 14 公里有一个大兴乡。直到今天，全乡人口也只有几千人。即使我们今天开车沿新修的乡道前往，也要大半个小时。一路辗转迂回，土质干燥松散，甚至有塌方路段。九曲十八弯的上坡路，就算是越野车，行进也十分艰难。

经过热闹赶集的乡场，越过负重蹒跚的村民，渐入农田交织的村落。那些村民远远掷过来的目光，依然是有些疑惑、好奇以及微微的慌张。

40 年前，成杰在这里出生、成长。22 年前，他从这里一步步走到西昌，然后踏上寻找自己生命价值的旅程。

车开进村里的时候，路变得异常狭窄。下车，步行去往成杰家，巷道里，一只狗突然窜出来，然后转头又跑掉。

巷子两边，大都是两层的瓦房。村里这些房子和大凉山其他住宅一样，大都是土屋。把山里的黄土和上水砌成一块块土坯，修出来的土屋冬暖夏凉。

多年以后，这里的条件已经很不错了，白的墙、灰的瓦，头顶是大凉山似乎永远湛蓝的天空和炽热的阳光。

但无论是土墙还是白墙，无论是乡村还是城市，无论是过去还是未来，有檐避雨、有墙挡风，一间房子就是一家人最温暖的归处。

成杰的父亲就是村里最专业的泥瓦匠，他一生最拿手的事就是盖房子。调好水与土的比例，精准把握房屋的立面与直角，然后在打好的屋基上一砖一瓦地为村里人建起一处生命的避风港。

人们在屋里面煮饭、栖息，在田间地头劳作一天之后，再聚回一身的温度与能量，去期待崭新的或者并无变化的一天。但太阳每天都是"新"的。

2018 年，成杰带巨海智慧书院的企业家去加德满都游学，住了一家酒店，从此念念不忘，常常拿来在课堂上引用。这家酒店的创始人当年看见人们在拆旧屋时将老门、老窗丢掉，突然觉得可惜。他相信那些雕花老木上一笔一画篆刻的都是人类伟大的艺术，也是祖辈的功德。看着人们大兴土木，他实在不忍这些自己眼中的宝贝就此被丢掉或当木材烧毁，便花了钱向屋主买来并找了地方贮存。后来木门窗越积越多无法保存了，而自己一生的积蓄也几乎倾囊而出，便将这些时间的宝藏修成了酒店，后来声名鹊起、延至百年。

成杰和企业家们去的时候，酒店门口那两棵橘子树绿意葱茏、果实累累，据说四季都会结果。人们惊叹之余，都相信是"神明"的召唤和恩典。

这家酒店是这位创始人留给后人的财富，也是为自己的生命树立的丰碑。

巨海智慧书院游学于加德满都

　　在成杰眼里，身材瘦小、貌不惊人的父亲身上蕴藏着伟大的力量。他一生都在做加法。一座土屋，修好就是一辈子。所以，成杰坚定不移地相信，乡里一幢一幢立起来的是房屋，也是属于父亲的丰碑。当然，父亲有赖于这门手艺，即使再穷再累，作为一个男人，也绝不会让自己家里人挨饿受冻，他竭尽所能为家人修了一幢自己也非常满意的房子。

　　我们踏进成杰家门的时候，两层土楼的外墙和内墙都已经被刷成了白色。有巨海的学员来过，总觉得想给老师做点什么，就请人给土楼做些外部装饰。成杰不想违了巨海学员的好意，便答允下来。但他们不知道的是，在成杰心里，那幢质朴如父亲一生的黄色土屋容纳着父亲赋予他的温暖与坚韧。这些信息，有的被时间风干，有的被岁月抹平。但是每当成杰推开院子里那扇老旧的木门，踏进阳光流转的小院，浓烈的自豪感便油然而生。

　　院坝开敞得可以容纳几十号人，也包容着幼年的成杰被忙于农活的父母丢在家里时撒欢撒野的童趣与自由。

成杰的房间，土墙壁上曾经贴着李连杰、成龙的照片，也有周慧敏的照片。如果你也不忘少年情怀就一定懂得，这里收藏着一个纯朴少年对于勇敢、侠义以及美好生活的所有期待与想象。

屋后是牛棚和马棚。在大凉山这样贫瘠的土地上，家畜的意义不仅仅是农耕助手，它们也可能是青黄不接时用来换取粮食的最后一个砝码。

屋旁起了个烤烟楼。种烟、晒烟、烤烟，不论收成多少，也是一项收入。生于贫穷的家庭，勤劳是最珍贵的家风，父亲的劳作改变不了自己的命运，却让成杰耳濡目染，从来不抱怨生活的淡然与平和。

我甚至还在土墙壁上发现了蜂巢。养蜂也是大凉山人民向自然索取宝藏的一门手艺。筑下蜂巢，收获蜂蜜，这让吃够了生活苦楚的人们偶尔还能尝到来自生活的丝丝甜蜜。

乡下人有句土话："力气使了，力气还在。"只是力气虽然还在，却不免要经历一个由盛而衰的过程。父亲就在这样年复一年的劳作里累白了头，累弯了腰，累得夜晚在阁楼上一声一声地咳，咳出了哮喘病和肺气肿，也咳出这样那样的病来。这些跟贫穷相依相邻的病症，让父亲再花钱去看病，他是万万舍不得的。

父亲因劳成疾过世 11 年，但是，每每回到故乡的土楼，成杰仿佛听到阁楼上还有父亲隐隐的咳嗽声。这幢土屋里，装载着属于他们那一辈人的生活。成杰从父辈的劳作里拥有了勤劳与韧性，也从父辈的贫瘠里开始反思生命的价值与意义。

他悲悯，他也感恩。他热爱自己被黄土夯实的少年时代，他也热爱生他养他的父母亲人。但和漫长人生路上不可预知的未来相比，成杰不愿意自己葱葱郁郁的生命就在这座土屋里早早被预设成和父母一样的人生。

当然，每个人都有属于自己的梦想和使命。成杰一直无比坚定地相信父亲是幸福的。因为在父亲的一生中，他竭尽自己的能力养育家庭与子女，虽然不能给到丰沛的物质，却给予了家人完整的幸福感与安全感。

生命的幸福在于用心经营。这是属于父亲的生命智慧。

父亲的土屋才是混沌人世里最初的学校，培养了成杰最初的灵性与梦想。

我们都曾在苦难里期待过奇迹。哪怕像王泽芬那样的妇女，我们都不敢漠视她们的平凡，谁都不知道默默无声下面蛰伏着怎样的高山流水、慈祥润物。

## 与命运抗争背后的温柔庇护

大多数时候，人们不得不折服于命运这只翻云覆雨的手，一个生命被它赐到哪个家庭，这个生命似乎就被赋予了一种基调，比如富有，也比如贫穷。

被赋予"贫穷"的大多数人，起初会偶感不适，会与命运抗争几番，但当一种叫作"惯性"的魔法慢慢由环境浸入内心，他们可能渐渐放弃，成为失去自我引力的流星，在浩瀚的星河里随波逐流，直至陨落。

像王泽芬这样的姑娘，大凉山有很多。她的父母一生都被繁重琐碎的农活与家庭责任捆绑着，将自己所有的力气都用来喂饱自己和孩子（有可能是好几个）。家里除了一幢简陋得不像话的房子，便是分到人头上的几分薄田。大凉山的土地和农田，在传统农民日出而作、日落而息的开垦里，也少有倾力回报。他们穷，但是穷得心平气和，在一代一代农民的世界里，繁衍生息、代代相传，就已经是他们毕生最大的责任了。

他们习惯了接纳，而少有莫名的抱怨。

王泽芬，或者张泽芬、李泽芬、陈泽芬，就是在这样的生命状态里长大的。从来没有人告诉过她外面的世界是什么样子，她也没有想过天空的云会从哪里飘过来。她们的妈妈，以及妈妈的妈妈，就这样在这块土地上默默生活了许多年，直到皱纹爬上光洁的额头，结实的胸脯因生育孩子失去弹性，或者纤细的腰肢渐渐圆润。她们没有过多的精神和力量去教育孩子，看着他们吃饱、穿暖、打着小呼噜入睡，然后一天天长大就是一生的使命。

她的世界是赶在太阳出来之前村子里的鸡犬相闻，是每家每户的土屋里冒出的袅袅炊烟，是桌子上难得有两个好菜时一家人的开怀笑容，是青黄不接时老人的叹息、孩子的啼哭。

书只念到小学。20 岁时，她结了婚。在城市里，或许女性的婚姻会对她的未来有所助力，但在过去的大凉山铁定不会。她或许都不知道什么是爱。她觉得婚姻就是搭伙吃饭、一起干活，然后像祖祖辈辈一样生一个或者几个孩子，让生命延续下去。

有时候农活做累了，她会从怀里掏出一双鞋垫，在上面绣出一朵朵精致的花。这些花朵里，绣着一位农村妇女所有的浪漫、爱与执着。一双鞋垫，送给刚结婚的丈夫，送给关怀自己的亲友，也送给在贫穷和劳碌里留下的完全属于自己的时间。

很多年后，19 岁的成杰，脚下也是踩着这样一双鞋垫走出了大凉山。

2019 年 1 月 1 日，她坐在老家西昌大凉山的老屋里和我聊起她儿子成杰的时候，我看见她面颊被苦难的生活深深刻下的皱纹。我轻抚她的面颊，感受一个才 62 岁的老人像岩石般粗糙的皮肤。我的手触摸到的是绝大多数大凉山女人的坚韧，以及她们被时间漠视的衰老。

是的，生命很盛大，但更多时候也很荒芜。如果她没有成杰这样一个儿子，她的苦难将淹没在漫漫人海，了无声息。

此刻，我和其他巨海学员一起来到他出生的地方，感受这里的一方水土如何孕育与培养出这样一位传奇般的人物。

和丰盛的礼物相比，这位母亲最感到骄傲的是他们都紧紧地握住她的手，如出一辙地说："您辛苦了，谢谢您养育出了我们的老师。"

这位叫王泽芬的平凡老人努力搜索过去的记忆，却也只是无比肯定地告诉我："我们完全没有能力培养他啊！全靠他自己努力啊！"

说话的时候，她摸摸索索在柜子里拿出几双绣花鞋垫要我选一双。成杰离家21年了，家里早已不缺吃穿用度，让她去上海，她也住不惯，回家守着成杰父亲当年修筑的老屋，怎么也停不下来。

没事的时候，坐在院子里，就着大凉山永远炽热的阳光，一针一针地绣着鞋垫。但没有人敢轻视她。"母亲"两个字便已经概括了她一生中所有的伟大。

教育有三类。

一类是以财养人，给孩子以好的教育环境和物质条件，成长路上不疾不徐。

一类是以德育人，家风严谨、身体力行，让孩子从小灵魂洁净、内心丰富。

还有一类是以勤教人，不论贫穷与富有，保持永不懈怠的精神与力量。

在中国广袤的大地上，或许因为资源分配与文化普及的不均让贫穷一度扼住人们的喉咙，但恰恰是王泽芬这样的妻子或母亲，她们无知，也无畏；她们柔情，也坚韧。她们在饥肠辘辘里也不曾失去与生命抗争的勇气，她们在衣食无忧之后，也不会放弃对生活的追求。

在她们有限的认知与世界观里，那一双永远停止不了的鞋垫是属于她们的爱和希望。

而人类只要还有爱和希望，那么生命就有无数可能。

成杰在后来写下"生命的强大在于历经苦难"的时候，除了是对人生经历的总结，也是对于父母那一代人所受苦难的敬重。他们一代一代地坚持，一代一代地隐忍，在平庸生活里等待，总会有那么一颗神奇的种子觉醒与迸发。

我们都曾在苦难里期待过奇迹。哪怕像王泽芬那样的妇女，我们都不敢漠视她们的平凡，谁都不知道默默无声下面蛰伏着怎样的高山流水、慈祥润物。

2019年1月1日，成杰回大凉山的时候，接受了凉山新闻综合广播FM95.8《窗外有星光》的采访。他在节目最后谈道："小孝是陪伴，中孝是传承，大孝是超越。"

我曾经也一度执着于探索原生家庭给自己的人生戴上的"紧箍咒"，但是后来终于意识到：原生家庭可以决定你的父母，但是不能决定你的人生。

成杰垫着母亲绣的鞋垫，在离开家乡的那一刻便已经决定，超越父母甚至家族，做一个更好的自己。

倘若命运已经强悍地为你画地为牢，可以挣脱枷锁突破牢笼的唯有自己。

而母亲绣的鞋垫是成杰向强大的命运宣战之前最温柔的庇护。

> 王尔德有句名言：We are all in the gutter , but some of us are looking at the stars. 意思是：我们都在阴沟里，但仍有人仰望星空。

## 身陷泥泞，也要仰望星空

在四川省凉山彝族自治州西昌市大兴乡建新村，有一户看起来很普通的人家，在 1982 年 7 月 3 日这一天多了一个娃。

出生前几个小时，母亲挺着大肚子，怀着即将出生的成杰独自去森林里采蘑菇。从怀孕到临产前，她都从来没有想过要丢下家里这些事。但是没想到人还在路上，临产之前的剧痛开始发作，她的肚子一阵比一阵痛。她咬着牙背着背篓往回走，一边走一边祈祷老天爷别让孩子生在路上。她强忍疼痛好不容易一步一步地磨到家，已经是晚上 9 点 28 分，成杰呱呱坠地。

在大凉山，这里的村民往往早早地给孩子许下一门亲事，想办法给孩子挣点钱，盖上房子，让他们成家生子，他们觉得，一生的使命便基本算完成了。

在这样的使命里长大的孩子，是看不见未来的。他们眼里只有几分薄田等着撒种或收割，家里的牲畜饿了等着喂食，或者守着黑黢黢的厨房，盼星星盼月亮地等着母亲将饭菜端上桌。

所以成杰的出生，除了最初家里添丁的喜悦，并没有让村里人觉得有所不同。但只有自己也当过孩子，也生养过的父母心里有数，这个孩子还是有些不一样的。

　　他饿，但不是眼巴巴地等着别人把饭给他送到嘴里。饿的时候，他不哭不闹，紧紧跟在大人身后，不达目的决不罢休。母亲说，若是没应了他的话，那整个家可就别再想清静了。可是家里没的吃的时候再遇上他不依不饶，也会把父亲急得想抓根棍子揍他一顿。当然到最后，也是高高举起，轻轻放下。

　　能怪孩子吗？正是长身体的时候，他那旺盛的食欲其实是充满了生命力的表现。父亲没读过书，但他从小自己父亲去世得早，小小年纪就承担起养家糊口的重担，没有享受过父亲的怜爱，更加希望自己的孩子可以衣食无忧，得到更多的包容与怜爱。他只能拼了命地劳作，争取多盖点房子，或者多开垦些田地，让来年多点收成，好给孩子换点零食。

　　父母从来没有想过孩子会成为什么样的人，但是也从来没有像其他村民那样，早早就给孩子预设了人生。在他们眼里，成杰就像只风筝，倘若有好风，凭助力，就让他上青云吧。

　　除了穷，成杰的童年没有任何拘束。父亲对成杰的宠溺有时候更胜于母亲。

　　农闲时，父亲会带成杰上山采蘑菇、摘野果。小小的成杰，在山野中浸润了一身的灵气，也跑出了一个结实健壮的小身板。当然，那些在旷达的山野里获得的自由，相比城市里的孩子，又是一种难得的"奢侈"。

去田里挖泥鳅、捉蚯蚓，爬到高高的树上摘野果，去河里滚出一身烂泥浆。这些在农村俯拾皆是的快乐，被成杰一一尝试过，却仍然不觉得满足。在他小小的心里住着一名勇士，野心勃勃，所向披靡，想要征服他所看到的一切事物。

父亲买了一头小牛，想养大了用来耕地。6岁的成杰看到了，雄心壮志地想把小牛收编成自己的坐骑。父亲赶紧警告他，别去打小牛的主意，它没被驯养过，万一使性子，可就有危险了。

成杰嘴里爽快地答应下来，心里却想：大牛我都骑过了，还怕这个小家伙吗？

但俗话说，初生牛犊不怕虎，更何况身高才一米多的成杰。他刚刚跨上牛背，还没等夹紧双腿，就感觉小牛四脚离地奔腾起来。成杰听见耳边有风声呼啸似的，还来不及呼救，就身体悬起，重重地摔到沟里。那一刻，成杰仿佛被一群星星砸中，眼前一黑，晕了过去。

后来人是醒了，但是经这一摔，一直没病没痛的成杰却患上了剧烈的头痛。身体里仿佛住进一只小恶魔，有时候它会睡着，彼此相安无事，可是一旦它醒过来，便会在成杰的脑袋里恶作剧。

它可能会在成杰的脑神经上荡秋千，也可能随便找根棍子在成杰脑子里挖洞，又或者整天在成杰脑子里蹦来跳去。

这种折磨对于大人来说尚且无法承受，更何况一个幼小的孩子。头痛如野兽般地噬咬，也如烈火般地焚烧，让不堪其扰的成杰忍不住把脑袋往床板上撞，痛不欲生。

村里的赤脚医生束手无策，父亲只好背着成杰去县城求医。

去县城的路上必须经过一条河。旱季的时候，水没过脚背，挽起裤腿，也能轻轻松松过河。但是遇到雨季，河水暴涨，水有时会没过人的胸膛，一不留神，就被会浑浊的河水卷走。

而那一次又是雨季。成杰还在病中，也不能打湿，不能让身体受凉，父亲咬咬牙，从山路绕到县城。而这一绕，就是20里路。

成杰贴在父亲背上，听见父亲那患有长期哮喘和肺气肿的身体里传出的愈发沉重的呼吸声，他感到百般愧疚、万分心痛，仿佛一瞬间长大不少。

在他懵懂的意识里，突然对"英雄"这两个字有了最初的理解。或许"英雄"不是他想象中的强悍与勇敢，不是想干就干的莽撞与唐突，而是像父亲那样，无论何时何地，都给身边人撑起一片天地的宽容与伟岸。

成杰对父母说："你们放心，我再也不调皮了。"

成杰的头痛历时两年才算康复。两年后，成杰进了小学，依然要每天蹚过那条河。大多数时候，是父亲背他，或者请小叔帮忙，但有时候实在忙不过来，成杰便要拿根木棍，小心翼翼地支撑住身体，独自过河。成杰的头痛病使他一下子消瘦下来，与湍急的河水相比，他就像一片单薄的树叶，有时候实在抵不过湍急的河水，就会被河水冲走好远才站住脚。那些年习以为常，后来再大一些开始审视生命时，成杰也不禁感到后怕。

因为这场病，成杰比其他孩子都成熟得早。不上学的时候，他常常静静地坐在河边的山坡上，看夕阳在河面上洒下灿若星子的波光，想象多年以后，大兴乡的孩子们是否还和自己一样，冒险过河。

他总是会思考不属于自己这个年龄段的问题，而正是这样最初拥有的"英雄主义"，他开始建立起属于自己的忧患意识与超前思维。

王尔德有句名言：We are all in the gutter , but some of us are looking at the stars. 意思是：我们都在阴沟里，但仍有人仰望星空。

没有人生来就是英雄，但所有的英雄都有一颗悲天悯人之心，即使身处泥泞，也拥有纯净的灵魂。

在 13 岁时，成杰已经在泥泞里仰望星空：将来，建一所小学，不让孩子们再冒险过河。

他有些失望，却不曾心灰意冷。放弃成为一名武士，并不表示自己就失去了侠义心肠。金庸云："侠之大者，为国为民。"

　　当时的成杰不知道的是，多年之后，他秉持着这一份从少年情怀磨砺而出的侠义精神，在教育培训事业中，起到了修身立命的重要作用。

## 不断探索，永不止步

　　我曾经遇到过一名富商，他给我比画着他在某一处的别墅里收藏着数以万计的图书。我不以为然，在我看来，一个人是否真正爱书，从不以他藏书的多寡为衡量标准，就像一位真正的美女，从不会炫耀她有多少漂亮衣服和金银珠宝。

　　我们一生读过的书是深藏于心、不露声色的丰富宝藏；是不管经过多少岁月，回忆起来依然可以涤荡身心的洁净泉水；是只允许自己在静默的夜里或轻盈的早上独自享用的思想盛宴。

　　成杰初中未读完便辍学了，但唯有他知道，恰恰是初中时曾经在校长宿舍里阅读的丛书，开启了他通向大智慧，也是通向慈悲世界的一扇大门。

　　初中时，学校离家也有 20 里山路，成杰成了住校生。说是住校，其实就是将白天上课的教室里的书桌拼起来，垫上薄被，勉强入睡。后来父亲看成杰休息不好，辗转托人帮忙，最后找到一间宿舍分了一张床给成杰。

那间宿舍里还有四个闹腾的学生，但是有电、有灯，还有校长放在那里的几十本对成杰而言珍贵无比的书籍。

这或许是成杰自出生10余年之后出现在生命里最灿烂的篇章。他每天下课后回到宿舍，便沉浸于茫茫书海，置其他学生的嘲笑与喧闹于不顾。在短暂而宝贵的阅读时光里，他闻到来自文字中最馥郁的香气，也看到自出生以来最好的自己。

每日与书为伴的时候，他听到自己纤细的骨骼被知识滋养后拔节的声音；他感到自己贫乏的内心被文学充实得丰盈而快乐；他看到镜子里自己干涸的眼睛在多元的思考后绽放出的熠熠光辉。

读书让他觉得自己更有趣，就如杨绛所言："读书好比串门儿——隐身的串门儿。"要参见钦佩的老师或拜谒有名的学者，不必事前打招呼求见，也不怕搅扰主人。翻开书面就闯进大门，而且可以经常去、时刻去，如果不得要领，还可以不辞而别，或者另请高明，和他对质。

他也想像苏格拉底一样，用一册好书走遍全世界，成为一个真正的英雄，一名真正的冒险家。

林语堂认为读书的主旨在于摆脱俗气。黄山谷说不读书便语言无味，面目可憎。于是成杰一天天在书香的浸染中脱胎换骨似的愈发清秀俊朗。

当然，在思想富庶之后，成杰也不得不面对家庭的贫困带来的种种窘迫。疾病与衰老双管齐下地威胁着父亲的健康，他每天晚上在阁楼上的咳嗽声，让在学校念书的成杰有了一种极大的心理负担。

如果内心没有在群书中受到智慧的洗礼，成杰或许就走走看看，顺其自然地度过一个普通凉山人的少年时期。但阅读让他沉吟、让他反思：到底该走怎样一条路，才可以改变自己的人生？

继续念书吗？也许耗尽家财，获得一纸文凭，到头来不过也是一份普通工作，满足温饱而已，还谈什么孝顺父母、回报国家？

读了好几年的书，却始终在大凉山里，连城市的一角都未曾看到，谈何"学而时习之"？

有人说，如果把读书当作一件苦事和劳役，或者为了某种功利，那实在是对书的糟蹋，就不如不读。读书是人生的一种情趣，是人生的一种优雅，是人生的一大乐事。

所以，对于成杰而言，哪怕寄人篱下，可以纯粹地读一本好书，也是人生极乐；但是若为了尚不明确的未来，为了谋生而获取一纸文凭，并且还要让家人继续艰难付出，是一种自私，是一种耻辱。因为，在书中，他学会了"孝"字当先："夫孝，始于事亲，中于事君，终于立身。"

但是成杰相信：不上学，也可以继续读好书、做好人。

当年才16岁的成杰做了人生中第一个重要的决定：辍学回家，帮父母分担家庭重任。

成杰和父母在田间劳作了半年，并没有中断一直热爱的习武和读书。他没有被艰难繁重的农活打败，却被夜深人静后在书本里读到的丰富人生打败了。他想：承担农活只能帮助父母一时，但父母终将衰老，而自己接下来的生命就像父母一样日复一日、年复一年地陷在这大凉山里吗？

成杰开始思索与寻找未来的一切可能。

有一天，成杰无意中得到一张少林寺招生的小广告，顿时像着了魔。我相信在每个少年心中，都曾有一个大侠梦，更何况从小就喜欢武术并坚持日日习武的成杰呢？所以这个梦想支撑他拿着这张小广告说服父母，并且带上当时全家仅有的2100元，走出了大凉山。

没想到好不容易到了成都，却被在成都读大学的表哥一语惊

醒梦中人。

表哥问他："如果在少林寺学完武，将来想做什么？""当保镖、做保安啊！"成杰回答。

"这就是你的理想吗？你的前途呢？做一辈子保安吗？这就是你辛辛苦苦停止学业，走出大凉山想要的生活吗？"

在这一连串咄咄逼人却又充满善意的逼问下，成杰沉默了。

是的，这不是成杰想要的生活。曾经的大侠梦哪怕是不切实际地杀富济贫、行侠仗义，也不会是用力气换取温饱的一介莽夫。如果仅仅是为了一点少得可怜的收入去当保安，那和待在大凉山面朝黄土背朝天看不到未来的生活又有什么区别呢？

成杰果断退了去往少林寺的车票，返回了西昌。

他有些失望，却不曾心灰意冷。放弃成为一名武者，并不表示自己就失去了侠义心肠。金庸云："侠之大者，为国为民。"

当时的成杰不知道的是，多年之后，他秉持着这一份从少年情怀磨砺而出的侠义精神，在教育培训事业中，起到了修身立命的重要作用。

生命的能量在于焦点利众，生命的价值在于普度众生。利他、善良，这何尝不是一种侠义精神？

每个人在成长与生命塑形之初，都有一个徘徊和探索的过程。在这个过程里，成杰既是书生，也是武者。他能文，也善武。当时看来，读的书、习的武似乎全无用处，但未来，他强健的体魄和强大的精神都将成为他漫漫生命里可以随时取用的一项技能和一股力量。

那些不断探索的经历让成杰的青春充沛、饱满，充满无限可能。倘若就此止步，他又如何在浩瀚宇宙里找到真正属于自己的那一颗冥王星呢？

有时候觉得，少年时期的成杰就像邛海的日出，对这个世界有着不管不顾的想象与追逐。他向往一切美好的、有价值的事物。那时的他，或许还不知道未来的自己想过怎样的生活。但他的潜意识告诉自己，要发光，要光芒万丈。

# 梦想的发源地

我们一生会在行走中遇到无数次日出。青海的日出，水天一线；洱海的日出，清澈明丽；峨眉山的日出，波澜壮阔；拉萨的日出，日光倾城……但是不知道你有没有看过邛海的日出。

邛海一侧，太阳从鹅黄的光芒里渐渐挣脱出来，像个略微羞涩的孩子第一次挣脱父母的手。踉踉跄跄中，它尝试着向天空跳跃、迸发，然后突然间就获得了脱胎换骨的力量与光芒。

邛海之上，顿时金光万丈，海鸥翩翩起舞，以为是它们用力扇动翅膀产生的杰作。而波光之下，也有生命涌动，据说水底生活着上百斤的大鱼，为邛海增加着无尽的活力。

那一刻，你看到的是光亮，放下的是阴暗；你看到的是恢宏，放下的是狭隘；你看到的是未来，放下的是过去。

邛海日出，无疑是一场关于生命和梦想的盛大轮回。

马可·波罗曾在其《马可·波罗游记》中写道："碧水秀色，草茂鱼丰，珍珠硕大，美不胜收，其气候与恬静远胜地中海，真是东方之珠啊。"

不过，住在海边的人听说我们把这样的内陆湖泊叫作海，都有些惊讶甚至心里暗暗嘲笑。但不是每一个生命都有幸临海而居。

人一生下来，就被注定了国籍、出生地、父母的姓名，也注定了是否生下来就可以看海，还是看一望无际的沙漠。所幸，我们可以被注定生在一个或贫穷或富有的家庭，但是无法被注定的是，我们每一个人会拥有怎样的梦想和改变命运的决心。

没有海，我们可以去看海；没有海，我们也可以造出海来。心有大势非天来，一点一滴累江海。

所以，虽然成杰生在大凉山，但也有幸见过邛海的辽阔，才有对更多大江大湖的向往，有对生命的伟大志向。

他在"商业真经"课堂上讲过一段往事，在他10余岁时，与小伙伴结伴去邛海游玩。刚走到邛海边上，就看到一辆奔驰车停在路边。

那个时候，像成杰这样大的孩子，想的大多是怎么能天天吃饱饭，怎样和小伙伴玩得开心，有的甚至已经等着家里给安排个姑娘早早成家，但只有成杰，总是想着一些奇奇怪怪的事情。

比如那一刻，成杰在这个当时看起来跟自己风马牛不相及的物件面前，像突然发现了什么。

他绕着这辆奔驰车，转了不下10圈。或许那一刻，打动他的，是这辆奔驰车远超于那个年代国产车型的流线外形，或是它精致又经典的车标，抑或是仅仅靠着4个轮子就将常常步行20里上学的乡村少年震慑住的霸气。

成杰在乔迁新的办公楼的时候，找到两张照片，他在微信上发给了我。他很认真地站在一辆老式奔驰车的旁边，目光炯炯。

成杰在邛海附近与奔驰车合影

　　但他回忆起的这个场景，让我想起的却是他讲过的另一个与父亲相关的故事。

　　在大凉山的时候，成杰偶尔和父亲一起去西昌市里。每次去，父亲总会到西昌市唯一的百货商店里看一条皮带。父亲平时系一条塑胶皮带，5 毛钱而已，而这条皮带要 100 多元。前两次去的时候，店员会赶紧迎上来。一来二去，店员都认熟了他，知道不会买，也不会再给好脸色。但每次赶集，父亲还是要专程跑去这家百货商店，

仔仔细细像宝物般审视一番，有时候还会用手摸一摸。

年少的成杰脸皮薄，看看店员耷拉着的脸，拉拉父亲的衣袖："不买咱就不看了吧？"

父亲笑笑，理直气壮："买不起还不许看一看吗？"

果然父子同心，血脉里流着相同的血，也总有些看似不切实际的想法。成杰看到奔驰的那一刻，或许就和父亲看到他喜欢的皮带那一刻一样有着同样的梦想：总有一天，我会把它买回家。

乐观又坚定的老父亲啊，一面努力生活，一面送给了成杰一笔巨大的"财富"：梦想还是要有的，万一哪天就实现了呢？

后来呢？

后来，别说百货商店里那条 100 多元的皮带，商场里更贵的皮带，成杰也给父亲买了下来。

再后来，巨海第一辆商务车，是奔驰；他奖励给优秀员工的车，除了员工的特殊喜好，也是奔驰；他送给妻子闫敏的，同样是奔驰。

有时候我在想，如果那一次，成杰在邛海岸边并没有看到那辆奔驰车，或许他的生命里就不会种下一粒关于"奔驰"的种子。但是回顾成杰的成长经历，听他母亲说起他从小就固执而目标明确的个性，我不得不相信，哪怕那一次在邛海没有看到奔驰车，他也会在他生命中经过的每一处看到它。

因为，它就是梦想。

梦想从来不是一个单纯的词语、一个符号或一个口号，它其实随时潜伏于生命的每一处角落，用各种各样的物质形态来吸引你、唤醒你。

但梦想从来也不仅仅是物质，它是承载于物质之上的价值导向、生命追求，它在满足你获得基本生存能力与自我认知之后，可以大胆而坦然地问自己：想做一个怎样的人？想要过上什么样的生活？毕生想做怎样的事？

或许在看到邛海边的奔驰车的那一刻，成杰就打开了少年时期被匮乏的物质拘束的思维方式，也将已有雏形的梦想一天天雕塑成另一种可能。

有时候觉得，少年时期的成杰就像邛海的日出，对这个世界有着不管不顾的想象与追逐。他向往一切美好的、有价值的事物。那时的他，或许还不知道未来的自己想过怎样的生活。但他的潜意识告诉自己，要发光，要光芒万丈。

默默无闻、黯淡无光的日子，在一个心怀大志的少年心里，比贫穷更难捱。

大凉山是成杰的故乡，但邛海更像成杰梦想的发源地。

2016 年，成杰把第 46 期"演说智慧"的课堂放在了西昌市邛海边的柏栎酒店。

2019 年 1 月 1 日早上，巨海高管及几名巨海智慧书院的学员又来到邛海边。呼吸着清冽的空气，喝一杯清香的绿茶，诵读一遍《生命智慧的十大法门》，新的一年，未来仿佛更加清晰。

邛海位于四川省凉山彝族自治州西昌市，已有约 180 万年的历史，但邛海的日出每一天都是崭新的。

2014 年，成杰的故事载入《西昌文史》。

　　创业是发现，是冒险，是学以致用，是知行合一。当然，创业也是人生最好的修行，它让人看清自己与这个丰富的世界相比，还有多少无知、多少不足。

　　失败不是丢脸的事，成功从来都属于那些曾经拥抱过失败，然后在反思中成长的人。

# 第一次创业

　　1997 年，中国互联网络信息中心发布的首份《中国互联网发展状况统计报告》显示，截至当年 10 月，我国网民数量为 62 万人，网站数量为 4066 家。

　　1997—1998 年，门户时代的三大天王——网易、搜狐和新浪创立；后一年，也就是 1999 年，现在统治中国互联网的三巨头——百度公司、阿里巴巴集团和腾讯公司创立，同年创立的还有携程和当当。

　　每一个时代都会涌现出一些成功的创业者，他们运用对这个世界的预判与对社会发展需求的自我认知，以及自己所生活的文化土壤与教育背景，创造出一个个撬动自己命运的支点。

　　1999 年，成杰已经从初中辍学回家帮助父母务农，去少林寺学武然后改变命运的梦戛然而止，但他的野心却像大凉山广袤天空上盘旋的鹰，哪怕被贫穷、认知以及生存环境缚住翅膀，也缚不住他瞭望成功的野心和梦想。他仍然在寻找下一个人生目标。

读书让成杰从混沌的人世中早早地开始反思生命、规划未来。他喜欢读书带来的宽广视野与丰富的人生体验。每读到一本好书，他都觉得自己心性澄明、从容淡定，更加拥有了主动突破命运、创造未来的决心。

一个具有梦想和行动力的少年，注定可以掌握自己的未来。

1939年冬天，美国西部洛杉矶市郊的一间屋子里，一个15岁的腼腆少年——约翰·戈达德——正在厨房的桌子前做着生物学家庭作业。

这时他听到隔壁父母的一位朋友说："假如再让我回到约翰的年纪，我干的事就大不一样。"这句话深深触动了戈达德的心灵。他在活页本新的一页上方端正地写上"My Life List"（生命清单）。戈达德花了5个小时一口气写下了127个想要实现的目标。下面是这些目标中的一部分。

目标第1：探索尼罗河；

目标第21：登上珠穆朗玛峰；

目标第40：驾驶飞机；

目标第54：去南极和北极；

目标第111：读完莎士比亚、柏拉图等17位大师的全部名著；

目标第125：登上遥远、美丽的月球。

为了实现这些目标，戈达德在他的小册子上写上了周计划和月计划。他每周都要量体重、清理衣橱、分析食谱和自我检查行动的得失。他每天早晨会花60分钟练习杠铃、拉力器和单杠，以保持优美健康的体型。总之，戈达德全力以赴地朝着自己定下的目标而努力着。每当他实现一个目标，他便带着甜美的神情，在一个"目标"旁边画上一个代表成功的红色标记。

结果怎么样呢？

在戈达德 61 岁时，他已经成功地实现了原定的 127 个目标中的 108 个。

例如，他的第 40 个目标是驾驶飞机，他后来驾驶过 46 种飞机，其中包括时速达到 1500 英里的 F-111 战斗机；他把自己实现第一个目标的经历写成了一本叫作《漂下尼罗河的皮划子》的畅销书。

1999 年的成杰，虽然还没有像戈达德那样目标清晰，但却拥有着超越他那个生活环境与时代背景的远大梦想。比如修一座希望小学让家乡的孩子不用涉水上学，再比如在有生之年读遍世界上的好书，又比如自己创业，让家里富起来。

成杰在无意中发现一条关于洗衣粉制造的招商信息。只需要 5000 元，就可以拥有自制洗衣粉的技术。在闭塞落后的农村，过去洗衣服都用天然的皂角，如果可以自制洗衣粉并且销售，成杰认为这一定是个不错的市场。

互联网时代的开启让信息大量地充斥，从而给成杰提供了创业的信息与机会，但还没有真正走入社会的他，并没有很多对市场辨别与分析的能力，并且对商品的品牌价值还没有一个基本的了解。他单纯地以为，有产品就必定有市场。

他反复磨着父母，不断强调自己对于创业的决心与勇气，但父亲还是一口否决了。最后倔强的成杰瞒着父母，向亲戚好友好不容易借了 5000 元，揣在怀里，踏上了学习制造洗衣粉的道路。

读书让他知识广博，但行走的局限让他认知有限。他带着创业的狂喜与对未来的冒险精神第二次走出大凉山，带回了他觉得可能致富的希望。

洗衣粉很容易就制造出来了。

每天一早，成杰推着自行车去村里、乡里，甚至去县城里吆喝售卖。但人们怀疑的眼神、拒绝的语言，很快让成杰的梦想连连碰壁，一个星期下来，一包洗衣粉也没有卖出去。

那时候，一些大品牌洗衣粉的广告在电视上铺天盖地，价格也不过几元。而成杰所卖的洗衣粉，很明显就是"三无"产品，人们完全没有必要去做无意义的尝试。

又卖了一段时间，还是一包洗衣粉也没卖出去。5000元的"巨款"，对于成杰一家人而言，是一次重大的打击。成杰愧疚不安，虽然当时父母坚决反对，但事已至此。看到垂头丧气的儿子，父母哪怕再心痛，却也没说他一句重话。

看着似乎又苍老了一些的父母，他心里暗暗发誓：总会有那么一天，我不再让你们失望。

很多年以后，成杰回顾那一次创业经历，再一次对创业进行总结。

他说："创业是发现，是冒险，是学以致用，是知行合一。"当然，创业也是人生最好的修行，它让人看清自己与这个丰富的世界相比，还有多少无知、多少不足。

失败不是丢脸的事，成功从来都属于那些曾经拥抱过失败，然后在反思中成长的人。

现在的成杰，在人们询问他那么年轻就创业成功的秘诀是什么时，他很骄傲地回答："因为我很早的时候，就已经创业失败过。"

成杰的第一次创业以失败告终。那一年，他17岁，奋斗的人生才刚刚开始。

第二章

# 心怀未来　拥抱当下

再简陋的屋檐，再狭小的房间，只要内心丰盈，也盛得下李白的月光。

## 写给父亲的信：父亲的教诲

父亲：

近日我回了一趟绵阳，走了一遍当年走过的路，看了一下曾经奋斗过的地方，还看了几处当年租住过的房子，回头咀嚼记忆里的酸甜苦辣，想起小时候您常常抛向我的一个词——"瞎造"。这句四川大凉山的土话用通俗易懂的语言来说，就是"瞎折腾"。

每每您说这话的时候，不是我爬树时刮伤了胳膊，就是去池塘里摸鱼弄花了脸。再后来，就是我不愿意上学、想去少林寺学武以及悄悄借了钱去学做洗衣粉。

您说这话的时候，嘴上是严厉的，但故意板起来的脸上，被四川大凉山强烈紫外线和风霜雨雪催生的皱纹，一道道都刻着慈爱。

当我还是一个孩子的时候，母亲就给我讲您的过去。她说您的父亲，也就是我的爷爷去世得早，我的奶奶改嫁后又生了两个孩子，您就开始承担家里的许多责任。当时我没有办法理解这种苦难，直到自己有了儿子，明白人类有着对血缘关系天然的膜拜与偏袒，就开始体验您作为那个家庭的老大，从小被忽视、被疏离的感觉。

我想象着一个跟我长得一模一样的孩子，一个人在灶房烧着柴火，耳边却听着堂屋里弟弟妹妹打闹，以及和父母嬉笑的声音。

当我的思想可以穿越时间和空间，去透视您的命运和情感时我才明白，小时候您施予我的所有跟您所承受的过往完全无关。

您用"瞎造"两个字概括了一个似乎从生下来开始就不会循规蹈矩的孩子为您制造的所有麻烦与困扰。

在您看来，顺境是一种人生，而逆境更是一种人生。

您接纳了自己无法选择的家庭，也接纳了我与生俱来的叛逆。这种接纳让我对一切事物都有着向上向善的探索，让我相信，这个宇宙具有无法想象的能量，在引导我们冲破所有星球与星球之间的磁场，走向无法预知的未来。

小时候的我内向自卑，总是低头走路，您对我说："低头看路，抬头看天。选了一条笔直的路走，就要昂首挺胸、堂堂正正。"

小时候的我还喜欢吹牛，有点成绩就把自己夸到天上，您又对我说："你看田里的稻子，越是成熟，越懂得弯腰。"

您教会我精神的独立自信，您教会我灵魂的谦恭示弱，让我在此后的人生都受用不尽。

我抬着头在工厂上班，挺起胸摆地摊卖书，第一次在大街上演讲也能直视众人的眼睛。

我在低矮的屋檐下读书，在喧闹的市井里生存，用最卑微的工作去面对世界的巨大与烦琐。

有人说，当一个人开始意识到父母衰老的时候，就证明他成熟了。可是我还没有长大，您就已经老了。我在绵阳的时候，母亲说您越来越怕冷，咳嗽得整夜睡不着，后来怕影响母亲休息，干脆搬到阁楼上。

2001年9月，在长虹厂上班以后，我用第一个月的工资买了两床当时最好的彩虹电热毯寄回家，想着您夜里可以睡得暖和些。可是这两床电热毯，您连拆都没有拆过。回家问您怎么不用，您回答说："还不冷。"其实我知道，不是不冷，而是您觉得电费太贵，不想浪费钱。

这两床电热毯一放就是整整 10 年。我知道，电热毯存放的这 10 年，也是儿子奋斗的 10 年。

什么是家？家就是鼎力相助，家就是荣辱与共。但是您的咳嗽声在我的耳畔延绵了很久。

我听着您的咳嗽声，从西昌走到绵阳，又从绵阳走到南京、上海，以及更多、更远的地方。我看看脚下的路，望一望天空，不由自主地将背又挺直了些。

谢谢您，父亲！让我奋斗路上，从未孤单。

成杰于 2019 年 4 月 16 日

多年过去了，成杰还记得自己提着一只蛇皮袋，从老家西昌去往绵阳的样子。

尽管车程辗转、车厢拥挤、空气污浊，但不到 19 岁的成杰眼神清澈、内心笃定。

## 一路奋战，才不会迷失方向

小时候的成杰并不健谈，甚至有些孤僻。

成杰的孤独，不是无人陪伴、无人倾诉，而是与生俱来、深陷于内心的自我清醒与独立认知。他总是在思考与自己的年龄不相匹配的未来，做着在他人眼里不切实际的梦。

初中时，成杰有个关系不错的同学，名叫李吉明，和成杰有着相似的内向与羞涩，也一样喜欢读书、跑步、习武。

后来，李吉明去了绵阳长虹厂打工，他告诉成杰，外面的世界远远比想象中的更精彩。这让辍学后一直等待时机的成杰再一次触发了走出大凉山的念头。

2001 年的长虹，正是恢弘时期，当年在彩电高端市场再度发力，推出"精显王"系列背投彩电，当时的董事长倪润峰曾乐观地预言："中国彩电业的春天即将来临！"这给当时萧瑟遇冷的行业带来阵阵暖意，更为整个四川带来生机。

"少不入川，老不出蜀。"但长虹的奋进与改革精神，让四川省绵阳市成为许多人向往的现代科技城，也让更多像成杰和李吉

明这样一无所有的年轻人看到生活的另一种可能。

多年过去了，成杰还记得自己提着一只蛇皮袋，从老家西昌去往绵阳的样子。

尽管车程辗转、车厢拥挤、空气污浊，但不到19岁的成杰眼神清澈、内心笃定。

他没有像其他疲惫的旅客一样东倒西歪或者蜷缩在车厢一角，而是挺直了腰，全神贯注地捕捉窗外一掠而过的风景。

大凉山的草木情深、父母的呵护备至、伙伴的嘻哈打闹，那些记忆里的美好时光，一起随着窗外的风景倒退至成杰再也回不去的少年时代。

成杰意识到，从踏上驶向绵阳那趟列车开始，自己便成了一个真正的"大人"。

至此，他将独立承担生命的责任，发掘更多生命的路径。

2001年2月16日，这个看起来相当寻常的日子，被郑重地装订在成杰奋斗的历史上。

到绵阳与李吉明见面，被告知已经过了长虹招工的节点，李吉明提议，反正也是等，不如叫上自己的妹妹，开个小餐馆挣些生活费。成杰心头一时无序，便答应下来。

餐馆开在长虹厂区附近，主要为工人供餐。每天天不亮就要去买菜、洗切、下锅，然后招呼客人、收钱，最后洗碗、收拾餐馆，一刻也停不下来。生活被紧凑的节奏踩踏成一堆发霉的马铃薯，也像成杰许久未翻的零乱书本。

每天抡锅铲抡到胳膊都抬不起的时候，成杰的大脑一片空白。

夜深人静，一路步行大半个小时回到暂时的住所，早春夜晚的寒风吹得他打了一个哆嗦。成杰拉紧单薄的外衣，突然想起自已到绵阳的初衷，是进长虹厂成为一名工人。

开餐馆 20 多天后，成杰主动提出放弃近一个月的工资，不顾李吉明反复劝阻，坚决离开。

诗人汪国真写过：是男儿总要走向远方，走向远方是为了让生命更辉煌。

成杰喜欢汪国真，从来不是因为他诗歌里的辞藻或韵律。相反，与许多诗人相比，汪国真的诗歌直白、大众，蕴藏在朴素文字里的倔强精神影响和感召了像成杰一样的许多年轻人。

接下来，成杰宁愿去街头卖报，也不愿待在油腻喧闹的餐馆。

卖报之余，摆地摊，卖图书，维持一些最基本的生计，但还可以翻一翻久违的书本，继续满足对阅读的渴求。

虽然卖了一个月报纸，但是进长虹这个目标，成杰从未忘却。

在我们达到目标之前，常常会出现一个叫作"意外"的不速之客，它会突然跑出来阻挠你的脚步，有人因此暂时停下来，时间一长，可能就此换了方向。

前往长虹面试的成杰，又一次遇到了这个"意外"。长虹又开始招工的时候，他被告知学历不够。成杰也曾一度失望，但是他并没有放弃心心念念的长虹梦，而是另辟蹊径，又花钱进了长虹培训中心进行家电维修的学习班，等待就业机会。

680 元的培训费，对于尚在谋生阶段的成杰而言，不是一个小数目。每天培训结束，他依然会去摆摊卖书。70 天培训结束，听说长虹依然没有招工需求，学员只能另谋生计的时候，成杰有些着急。

也许是有了卖报卖书时主动推销的经历，也许是从小不达目

的誓不罢休的个性，他相信，机会自始至终都需要主动去争取。

他直接进到长虹培训中心的办公室，找到负责人，讲述了自己从西昌到绵阳的目的。本来只是抱着一线希望，没想到负责人当即决定把他安排到空调安装队。

在成杰的记忆里，走出长虹培训中心的时候，他看见那一天的绵阳阳光灿烂，碧空如洗。

当时正值购买空调的高峰期，装空调的客户络绎不绝。就这样，整个7月，成杰开始奔波于绵阳的大街小巷，到处为客户安装空调。7月的绵阳，室外已经近40℃。20多年前的绵阳，大多数都是4～7层的小高层建筑，没有电梯。车开到楼下，搬运全部靠腿，空调全部靠背。上百斤的空调背上楼，已经气喘如牛，并且当时的楼房没有预留空调排水孔的墙洞，工人们还要在40厘米厚的墙上打洞。

19岁的成杰用并不厚重的肩膀抵住"突突"振动的电钻进行施工，一天下来，半边身体又酸又痛。长时间用手握着电钻，有时虎口也被震破，血流不止。而当他被一根安全绳挂在外墙安装空调外机时，身体悬空，晃来晃去，失去重心的高空作业操作起来难度更大。有时候往楼下看一眼，从小胆子就大的成杰也会感到眩晕。

通过努力，一个月下来，成杰拿到1000多元。有了这份收入，吃饭不成问题了。到绵阳近半年，他一度失去的信心又回来了。

夏天过了一半，空调旺季结束，安装队被遣散了。但成杰因干劲十足受到领导赏识，被分配到长虹电视三厂去搬运电视。

8月暴雨来袭，整个绵阳城都浸泡在洪水里，成杰拼了命似的去抢救仓库里的电视，有一次还险些被洪水卷走。

在成杰所有的学习、工作以及后来的创业经历中，他一直把"全力以赴"当作享受，把"极致"当作标准。这个世界上从来都没有白走的路。

一个月后，成杰凭借出色的表现被留下来，如愿成为长虹厂的一名流水线工人，执行最后一步重要工序——检验。

乔布斯曾说过："只有偏执狂才能生存，我信奉偏执的力量。但偏执的人容易成功，因为他们一路奋战，从未迷失方向。"

有时候，浪漫主义是比成功更具价值的一个生命标签。很多人把追求生命价值的过程当作付出，所以内心茕茕孑立、孤苦无依，但成杰常常把奋斗当作一种孤独的享受，住蜗居、食清淡、做苦力，无所怨言。在他看来，只要枕边有书、心中有梦，身边的每一个细节都是美好灿烂的。

# 演讲生涯的序章

　　公元 706 年，祖籍陇西的李氏一家迁入绵州——今天的绵阳江油一带。至此，唐朝伟大的浪漫主义诗人李白为绵阳赋予了无限缠绵的春意、写下无数飘逸的文字，也洒下了几许怅惘的月光。

　　近 1300 年之后，2001 年 2 月 16 日，19 岁不到的成杰，从贫困的家乡西昌独自来到绵阳，追寻一段千年前的月光，也追寻属于自己的青春。

　　18 年后的春天，成杰因绵阳的一场企业家交流会，再次踏上绵阳这片充满诗意的土地。

　　他循着记忆走过每个当年曾经居住的地方，多年过去，所幸绵阳这座城市尚未发生太大变化，一切依稀都是旧时模样。

　　进入长虹工作之后，成杰在 16 人的通间宿舍住了大半年，他果断地和另一位工友搬出去，租了一间不足十平方米的棚屋。我们每个人都需要一片属于自己的屋檐，它不仅可以用于遮风挡雨，还可以慰藉心灵，并在这片屋檐下塑造关于未来最初的样子。

在厂区宿舍，除了工友们打牌的吵闹和时常夹杂其间的粗口，没有一点能容纳成杰阅读与思考的空间。

有时候勉强拿起书想看一看，也会遭到工友不怀好意的讽刺："哟，我们这儿还有个文化人呢！"

所以，多年后，成杰还记得出租户的姓名——刘勇，或许是因为这个姓名的普及性，但我宁愿相信是这个并不安逸却独立自由的居住空间赋予他的刻骨铭心。

成杰在几幢长得很相似的居民楼里转了两圈，用"刘勇"这个线索又问了下周边的住户，最终锁定了一幢4层的小楼。

楼道口很低，稍不留神就会撞着头，老式的楼梯间光线不好，但还算干净。可是走到顶楼，两排低矮的房撞进视线。电线纵横交错，上面挂着经年的尘埃和蜘蛛网，在空气里飘飘荡荡。门口挂着几张看不出颜色的毛巾而令人怀疑它们的用途，一个简单的灶台支在门口，除了屋顶的石棉瓦换成了集成板，一切都是原来的样子。

上班时间，这里一个人也没有。没有人会想到，从这间屋子里却走出了一个卓越的演说家。

房间里只摆得下两张床，却有足够的阅读空间。冬天只盖一床薄被冷得发抖，成杰就读几句汪国真的诗"御寒"：人生苦短、道路漫长，我们走向并珍爱每一处风光。

夏天，屋顶的石棉瓦几乎被太阳烤化，成杰会提一桶冷水上楼泼到屋顶上，在仍然如烤箱似的屋子里诵读李白的《月光曲》，便心生凉意：寒月摇清波，流光入窗户。

再简陋的屋檐，再狭小的房间，只要内心丰盈，也盛得下李白的月光。

门口用砖头支起的简单的灶台，接上液化罐，煮一锅白米

饭，蒸一碗鸡蛋，就足够支撑长年习武、瘦削但还算精干的身体。但更多的力量恐怕就来自对未来的憧憬与想象。

后来因为开书店，成杰又搬到绵阳高新区。那时开始练习演讲，但有时候刚刚一开口，从邻居窗户里便传来一句"神经病"的骂声。所幸附近有座普明山，清晨生机葱郁，虫鸟齐鸣，引吭高歌也无人问津。

每天早上，成杰冲个凉水澡，一溜小跑，便循着小径爬到了山巅。

人在命运浑噩之际，最爱登高望远、洗心明志。李白也喜登高。因此，他既有水的浪漫，又有山的胸怀，常常以山入诗，成为千古绝唱。

《登高秋而望远》叹权欲之争、讽王侯将相；

《独坐敬亭山》羡闲云野鹤、享受孤独；

《登金陵凤凰台》感喟历史、思索当下。

而成杰则将这小小的普明山，当作自己人生的舞台。跑步、习武，锻炼身心；诵读、演讲，练习发音。

如今再上普明山，山顶已经开发出好些住宅区。但山坡上被居民种满大片大片的油菜，开满黄花，风一吹，翻滚出金色的巨浪，是生命中最日常的宏大。就像成杰，经过十余年的修行和成长，再回到曾经记录过自己贫瘠青春的此处，却依然心生欢愉、感恩苦难的历练与再造。

比起未来他将经历的重重苦难，这段住在出租屋的日子不过是生命中的小小插曲。偶尔回味，竟是一种乐趣。

有时候，浪漫主义是比成功更具价值的一个生命标签。很多人把追求生命价值的过程当作付出，所以内心茕茕孑立、孤苦无依，但成杰常常把奋斗当作一种孤独的享受，住蜗居、食清淡、做苦力，无所怨言。在他看来，只要枕边有书、心中有梦，身边的每一个细节都是美好灿烂的。

每天下班之后，他还常常去河堤上读书、演讲。春天，垂柳一夜之间刷绿了整个河岸，置身于宁静的波光与柔媚的柳枝间，成杰看到天地万物都在自由成长，而环境从未改变它们向上的力量和蓬勃的生机。

他回忆起住顶楼棚屋时的一个邻居，是个年轻的女孩，在百盛购物中心上班，后来搬离后，成杰在绵阳的街头曾经遇到过她一次，而那时，她已经结婚生子。说起这一段，成杰停顿了一下，说："好巧。"

每个少年对爱情都是充满向往的，看到适龄的异性，我猜他也有过好奇甚至动心。但是在当时的成杰心中，彼时居无定所、一事无成，两个都在社会底层奋斗的人，就像两根平行线，注定无法交集。所以，两年后街头的匆匆回眸，对成杰而言，只是巧合，不是奢望。他从来没有想过当时的自己会拥有爱情，他只是把大多数少年的激情与莽撞转化成向命运挑战的勇气与能量，然后把所有的时间与精力投入到生存与学习中。

成杰从小看到父亲为了养活一家人疲于奔命却仍然家徒四壁，想到当年在正该读书的年纪辍学回家务农的过往，他心里早就树立了一个清晰的目标：先立业，后成家。

但是，他会把这些世间短暂的相逢当作苦难生活里的点滴诗意，让逼仄屋檐下窄长的日子变得轻柔而舒缓。

2005 年，成杰从一间租金 150 元每月的出租屋出发，离开绵阳。正所谓："仰天大笑出门去，我辈岂是蓬蒿人。"

绵阳的出租屋是他向最初的理想艰难前行时的驿站，是他厚积薄发的演讲生涯之序言，也是他每每回忆起来，便忍不住用微笑回赠的精彩片段。

成杰把这段被轻慢、被羞辱、被追逐的地摊史当作人生必然的历练。如果说当年的"逃跑"是一种苦难，多年后回到此地，却已风轻云淡，成为茶余饭后的笑谈，成为青葱岁月里的浪漫诗篇。

## "逃跑"的演说家

2019年3月，成杰回到绵阳人民广场的时候，草色如新，樱花和桃花不管不顾地在太阳底下绽放出昂扬的斗志。

成杰在人民广场附近卖过一个月报纸，闲暇时会去广场后的一个小山坡跑步、习武、阅读。端坐于花荫与树荫之间，在诗词歌赋里应和着四季的韵律。阅读带来的稳定情绪以及敏锐的感知力，令出租屋的简陋与生存的压力都不值一提。在世界博大的胸怀里，生活偶尔的苛刻也变成一份恩赐，让他时时提醒自己，苦难是人生最好的导师。

从大凉山出来到踏上绵阳的土地，成杰觉得进工厂是一个更好的人生目标。等有一天如愿进入长虹厂，成杰才明白，只有自己亲自走过的路，才叫路；只有自己亲自经历过的事，才叫人生。

且不说流水作业的机械繁重，只平均每月几百元的基本工资就撑不起成杰的梦想。所以每天下班后，他不顾身体的疲倦，依然会提上一只蛇皮袋，去工厂附近的街道上摆个地摊卖书。书本摆放好，成杰就拿起一本书自顾自地看起来，用现在的话来说，他是一个"佛系"的老板。一本书进价3元、5元，卖8元或者10元，运气好的时候，能卖上两三本，运气不好，一本都卖不出去。

最艰难的还不在于此，而是明明只想借一小块土地赖以生根，最后连偶尔驻足也会被无情驱赶。

每次有先知先觉的人大叫一声："城管来了！"大家便赶紧收拾货物，慌里慌张作鸟兽散。最开始毫无经验，收拾东西毫无章法。等有了"逃跑"的经验，拿一张帆布铺到地上，听到"报警声"，将帆布四角一提，背起来就跑。

跑得慢一些，像贼一样被捉住，轻则被责问一番，重则被没收书本，甚至罚款。

成杰被捉住过两次，那种劈头盖脸的训导，把人的自尊无遮无挡地晾晒在光天化日之下，让人对生活的信心和决心都降到冰点。

但是在最窘迫的时候，成杰依然坚持下来，并且保持着在他这个年纪少有的冷静。

成杰明白，在自己还不够强大之前，愤怒无用，唯有改变自己。

于是，一向不善与人交际的成杰开始明白"君子群而不党"的道理。他保持与其他摊主的适当联结，有时候城管来了，还可以彼此关照一下，"逃跑"的时候反应更快、效率更高。

成杰常常帮助一个卖衣服的小姑娘，女孩子心理不够强大，遇到城管来了，总是慌了手脚。即使自己尚在落难，但这种力所能及的善意不仅仅照亮他人，也温暖了自己。最重要的是，他开始提醒自己，既然选择了摆地摊这件事，就要想方设法把书卖出去。

读书，读书。书就是用来读的，如果不读出来，如何让别人知道读书的魅力？想到此，成杰从书摊旁站起来，开始了在大街上的"演讲"生涯。

很多年后，成杰还记得那一幕：一个瘦削清秀的年轻人带着微微的羞涩，站在绵阳的一条街道上，努力牵动嘴角，开始向来往的行人讲述自己爱书、读书、卖书的经历，介绍书中精彩的章节，鼓励人们无论何种境遇，都要用书本和知识来充实自己的人生。

成杰心跳如鼓的时候，额头上会冒出一层薄薄的汗。他低头看着自己的脚尖，想起父亲曾经告诫自己说，挺起胸膛，抬头做人。他清清嗓子，曾经在夜里反复诵读过的人生哲理和生活智慧，这一刻如清泉漫流，从喉咙里汩汩而出。

听到周围有零零落落的掌声传来，成杰轻轻呼了一口气，觉得那时的自己就像一个真正的演说家。

只不过下一次城管再来的时候，"演说家"依然仓皇而逃。

成杰把这段被轻慢、被羞辱、被追逐的地摊史当作人生必然的历练。如果说当年的"逃跑"是一种苦难，多年后回到此地，却已风轻云淡，成为茶余饭后的笑谈，成为青葱岁月里的浪漫诗篇。

当然，并不是所有的劳累都与工作相关。从小就信奉着"天将降大任于是人也，必先苦其心志，劳其筋骨，饿其体肤"的成杰，在最艰难的时候，依然坚持着长跑这项业余爱好。

除了贫困与孤独，饥饿也是 19 岁的成杰常常感受到的最刻骨铭心的人生体验，但即便如此，他也从来没有放弃这项极其消耗能量的运动。

公元前 490 年，雅典军队在马拉松大败波斯军队。雅典的快跑能手菲迪庇第斯受命回雅典报捷。尽管菲迪庇第斯已在战斗中负伤，但他还是坚持跑回雅典，告诉忐忑不安、等待消息的雅典人"我们胜利了"，说罢倒地身亡。为了纪念马拉松战役和菲迪庇第斯，1896年，在雅典举行的第一届现代奥林匹克运动会上设立了马拉松长跑项目，大致沿着当年菲迪庇第斯的跑步路线进行，全程为42.195千米。

所以，马拉松这项运动注定与苦难是分不开的，人们选择享受生命的丰盈和美满，也必须承担生活的艰难或贫困。对于当时的成杰来说，长跑是成本最低的一项运动，让自己衣食未丰时保持强健的体魄。而在逆境中的奔跑，于他更是一种信仰，以瘦小的身躯去抵抗命运的不公，去接纳生命的宏大。

每天早晨，成杰用一盆凉水把睡意冲走，然后就奔向就近的江河、公园、广场或者山坡，他像《阿甘正传》里的阿甘一样，不知疲倦地奔跑，从一个起点跑向另一个起点，用脚步丈量着绵阳的每一寸土地。

是的，只有不停地奔跑，才会把不堪的过去远远地甩在身后。只有感受到空气在脸的两侧流动，他才相信自己的生命一直在往前。

也许在父亲心里，一早就明白，自己这个儿子从来就不只属于这个家，也不会被困于这片土地。他有比父辈长得多的路要走，就算没有给他这笔钱，他也终究不会回头。

# 第二次创业

从成杰当年摆地摊那条路一直往里走，有一条商业街，靠近长虹厂区，曾经叫四隆广场，如今改了名，应该是由于经营不善被收购了。十几年过去了，这里依然行人寥寥，门可罗雀。店铺倒是开着一些，老板或店员都无精打采，要么在门口闲聊，要么自顾自玩手机。我们从店铺前经过，他们头也不会抬一下。

这些门面里有两个长虹的招聘点，挂着大大的招聘信息，却无人问津。景物依旧，但时代已然不同，工人早就不再是一个炙手可热的职业。

成杰走到一个位置，指着二楼贴着"网吧"字样的玻璃窗说："我的书店就在那里。"

自从在夜市摆上书摊，可以酣畅淋漓地阅读好书，还可以顺便挣点钱，开一家正式的书店便成为他的下一个目标。好不容易找到一个相对合适的门面，也需近2万元的租金和押金。一月不过几百元工资的成杰，两年来省吃俭用地存下一些钱，算一算，还差6000多元。但创业的念头萦绕不去，他彻夜辗转，寝食难安。

2003 年春节，成杰没有回家。他留在工厂加班，一来可以挣些加班工资；二来春运时期，车厢连立足之地都没有，算起来路费也要贵上许多。

虽然做好了过完春节回家的打算，但成杰心里却充满懊恼。他知道此行回家的主要目的是什么，离家两年，却依然两手空空，如今却又要为了自己的梦想，去给辛劳了一辈子的父母雪上加霜。

在成杰家，父母从小就教会成杰懂得拥有独立人格的重要性。所以成杰会在不到 20 岁的时候就独自离家打拼，从来也不曾抱怨过没有生长在富足的家庭，而是一直想着，怎样用自己的努力为父母换来更好的生活。

为了省点钱，成杰过完年才错峰回家。看着辛苦一年的父母高兴的样子，借钱开书店的事却如鲠在喉，迟迟难以开口。夜里，他静静陪父亲坐在冰冷的堂屋里烤火，家里依然一贫如洗。成杰呆呆地看着火盆，看着黝黑的房间被一丁点柴火照亮，他突然又感到希望的力量。

希望就是将当下仅有的能量燃烧照亮未来，让人看清前行的方向；希望就是如果不去奋力拼搏，生活就像一本过期的日历，你翻与不翻，它都会和过去一模一样。那天夜里，他决定再拼一次，于是将开书店的计划向父亲和盘托出。

其实成杰最焦虑的，并不是父母不答应他开书店的想法，而是想起 17 岁那年，自己不顾家人劝阻，借了 5000 元自产自销洗衣粉那次血本无归的"创业"经历。

他曾经以为，有过失败的惨痛经验，父亲一定不会再同意他"瞎造"。成杰没有想到的是，父亲比想象中更宽容。

他只是简单地了解了一下成杰在工厂里的情况和摆地摊的状

况，然后就开始凑钱。他小心翼翼地拿出之前好不容易存起来打算给他娶妻修房子的 4000 多元，又去小姑那里借了 2000 元，凑齐了成杰开书店的钱，然后依依不舍地把他送上返回绵阳的路程。

也许在父亲心里，一早就明白，自己这个儿子从来就不只属于这个家，也不会被困于这片土地。他有比父辈长得多的路要走，就算没有给他这笔钱，他也终究不会回头。

与其无谓地阻止，不如倾力相助、从容相送。

世上大多数的爱都指向团聚，但唯有父母之爱指向的是离别。

2003 年 5 月，经过大半年的筹备，"成杰书社"在四隆广场二楼一间 40 平方米左右的门面开始营业。同时，成杰也辞去了好不容易才争取来的长虹厂的工作，专心投入到书社的经营中。

成杰开了一家书店——成杰书社

少年家乡的贫瘠困苦、工厂打工的压抑卑微、地摊遭遇的人世苍凉，此刻都不值一提，成长路上，过去种种皆为序章。彼时的成杰除了满心的喜悦、对未来的希冀，还有对父母的无限感恩。

把成杰书社经营好，打一场漂漂亮亮的命运反击战，然后好好报答父母，是他当时最强烈的想法。

从经营书社起，成杰懂得了创业的真正意义。创业是破釜沉舟，置之死地而后生；创业是群芳凋落，霜雪里孤芳自赏；创业是苦中作乐，波澜里无忧无惧。

成杰书社选址的这个四隆广场还在招商初期，进驻商家有限，商业气氛还未成气候。加之书社在二楼，靠自然流量完全没有客人光顾。

开业一个星期后仍然没有开张，思来想去，成杰决定效法摆地摊时的"演讲"销售模式。经过商业管理处的同意，成杰再一次将书摊摆在了商业广场的大门口。

只是这一次，有桌子、话筒、音箱。在演讲方面，相比之前的临时起意，这一次成杰做好了充分的准备，硬件设施相对完善，并且已经有了一定的演讲经验，成杰信心十足。

临街的玻璃窗贴上"成杰书社"四个大字，等待着演讲结束后顾客的光临。

那些年，傍晚人们吃完晚饭没什么娱乐，总会出门逛逛，也喜欢往热闹的地方去。成杰选定这段时间，以广场为舞台，以天空为幕布，开始了他顶天立地、光明正大的演讲生涯。

当时的人们，哪里见过这种"吆喝"生意的方式，加之这个卖书的小伙子虽然单薄瘦削，但五官清秀，举止谦逊，让人很有好感。那时成杰的普通话也还生涩，但嗓音洪亮、语句严谨、条理分明，很明显早就做了充分的准备。

被演讲吸引过来的人们，一边翻阅展示的书本，一边记住了

"成杰书社"这个店名。买书也是一种消费习惯，此后，成杰书社开始拥有不少老顾客，甚至有些还和他成了朋友，未来结下许多渊源。

所谓"沟通即是财富"，而选择在公众场合进行演讲，则是通过与大众的沟通，将自己的产品及品牌价值传播给众多的人，在多年以后，仍然是一种节奏短平快，但影响力充沛，并且高效的销售模式，这被称为路演。

初中尚未毕业的成杰，在主动寻找销售突破点的时候，用自己对销售的理解和潜意识里对演讲的热爱，开始了人生的第二次创业。

第三章 ————————————

**演说家是如何诞生的**

> 2003 年 7 月，一只蝴蝶在绵阳轻轻扇动了一下翅膀。

# 写给父亲的信：父亲的生活哲学

父亲：

您好！

人间四月的好天气，市面上已经有了水灵灵的樱桃，想起老家西昌，阳光炽烈，让盛产的这种应季水果多汁而丰盈。对孩子来说，那些长在树上的樱桃，最是抵不住的诱惑。我记得有一次，我和几个年龄相仿的孩子相约着去村里人的果园偷樱桃吃，刚刚爬上树，听到有人吆喝，吓得赶紧跳下树来。

樱桃没吃到几颗，结果每一家还赔了人家 20 元。

赔完钱，您把我领回家的时候，脸色有些阴沉，我以为我脱不了一顿打，没想到，一夜相安无事。

没过几天，您去县城里，回来后将满满一筐樱桃推到我面前说："你慢慢吃。"

那天我吃樱桃吃到几乎倒牙，但从此再没去别人地里偷过任何东西。

有时候，也躲不过您的"收拾"。但您从不在我饿着肚子的时候罚我。等我打着嗝儿下桌，那躲不了的一顿胖揍，现在回忆起来，竟然是和家人茶余饭后的趣谈了。

有时候儿子会仰起小脸问："爸爸，原来您也会犯错啊？"

我回答说："是啊，只要是人，都会犯错。更何况像我这样从小就精力无穷的孩子，不知道给你爷爷和奶奶添了多少乱。"

但您除了让我不偷不抢，但凡我时不时冒出的念头，您都由着我的性子"胡闹"。冬天下大雪的时候，家里存粮不多，您带我上山捉麻雀回家解馋。毛还没长齐的小麻雀，清洗干净了在油锅里一炸，外焦里嫩。现在想想，都可能流口水。

您还鼓励我去割草喂牛，然后五分钱一斤卖给您；您带着我到河沟里捞贝壳、抓鱼，还让我自己喂几只小鸡仔，直到它们长成胖乎乎的芦花鸡。

我15岁时，在您的鼓励下，就已经一个人去周边好几个县城收野菌，然后回县城里卖掉。

虽然家境贫困，但您从来没有放弃过对生活质量的追求。您盖房子、种田、烤烟、养蜂、喂牛、养马……我的童年因此充满了种种生趣以及食物的芬芳，也形成了朴素但丰富的生活价值观——把当下的事情做到最好。

2004年1月3日，母亲从西昌老家打来电话，说您在给别人盖房子时又从屋顶摔了下来。

记得我7岁时，您就从屋顶上摔下来过。在农村盖房子可不像在城里，有安全绳、有医疗费。哪怕只是两层的土楼，年轻人摔下来也必定伤筋动骨，更何况您旧创未愈，又添新伤。

那时我被命运的洪流再次卷到十字路口，揣着成为演说家的梦想关了书店，进了培训公司，结果辛苦半年，公司解散。

我又回到路边摆书摊，正不知何去何从。

我匆匆向朋友借了800元赶回西昌，看到不肯待在医院花钱，而是躺在自己家床上养伤的您，想起半年前您好不容易凑给我的几千元又惨淡收场，我连直视您的勇气都没有。

没想到，您看到我，仍然是半分责备都没有，只是陪我聊了一夜。您说："我知道现在的你已经长大了，也有了自己对生活的规划，再让你回家种田肯定是不可能了。但你一定要记得，不管你走到哪儿，家还在这儿。"

您甚至帮我筹划，如果要回家，咱们父子俩就开个五金店，做做乡亲们的生意，娶个媳妇，过个小日子。

但最后，您仍然握着我的手说："放心去做你想做的事吧！"

我记得那年春节，我难得在家待了十几天。当我收拾行李回绵阳的时候，我依然不确定，生命的路径会将我指向哪里。但我可以确定的是，当我们的内在被梦想唤醒的时候，一定要更多地陪伴家人，因为只有在他们那里，我们才可以获得无欲无求的鼓励，可以听到让我们充满无穷力量的声音。

父亲，这么多年，我依然想念您的声音，就像想念一只传说中的荆棘鸟。

荆棘鸟为了自己的梦想，泣血歌唱。而我知道，您一直泣血而歌的就是我的梦想。

成杰于 2019 年 4 月 28 日

一只南美洲亚马逊河流域热带雨林中的蝴蝶，偶尔扇动几下翅膀，可以在两周以后引起美国得克萨斯州的一场龙卷风。

## 你的选择决定了你的未来

气象学家洛伦兹于 1963 年提出了"蝴蝶效应"理论。其大意为：一只南美洲亚马逊河流域热带雨林中的蝴蝶，偶尔扇动几下翅膀，可以在两周以后引起美国得克萨斯州的一场龙卷风。

其理论依据是由于蝴蝶翅膀的运动，导致其身边的空气系统发生变化，并引起微弱气流的产生，而微弱气流的产生又会引起它四周空气或其他系统产生相应的变化，由此引起连锁反应，最终导致其他系统的极大变化。

蝴蝶效应说明了事物发展的结果，对初始条件具有极为敏感的依赖性，初始条件的极小偏差将会引起结果的极大差异。

2003 年 5 月，成杰压上全部身家，再一次破釜沉舟，在绵阳的四隆广场开起了"成杰书社"，也终于结束了游摊走巷的售书过程。同时，他在演讲售书、自我提升的过程中，逐渐体会到演讲的魅力。作为一个曾经内向、自卑的人，通过演讲，他获得了与所有人平等沟通的权利，提升了自信。通过这种当时在绵阳别具一格的销售手段，成功吸引了不少顾客，让书社的生意也渐渐好了起来。

人与人之间，有一种关系叫作惺惺相惜。当成杰在广场上侃侃而谈自己从小便热爱阅读的经历，以及从读书中领悟到的人生哲学时，台下有一双眼睛默默注视了他很久。

李显耀其人，当时也算事业有成，但年少艰难，10 余岁独自离家到绵阳闯荡，历尽人间磨难，却始终未堕俗世之中。他一向喜欢读书习字，更爱结交有志之人。

演讲结束，李显耀前往成杰书社，买了不少书，和成杰攀谈起来。

随着时间推进，两人也渐渐熟悉。李显耀年长成杰 10 余岁，经济优渥，却从未在成杰面前有一丝一毫轻慢之举。而成杰对于这位大哥更是感恩与敬重并行，渐渐与他成了忘年挚友。那些年在绵阳漂浮不定、内心无所牵绊的成杰，常常被李显耀邀往家中做客。成杰对绵阳这座城市，也终于有了归属感。多年后，成杰提起这些温暖的片段，依然有涕零之意。

成杰与李显耀合影

每个人都有属于自己的人生轨迹，一个人一生会遇到许多人，最终也许擦肩而过。但成杰与李显耀在绵阳相遇相知，就如同当年受少年时期的好友李吉明影响到绵阳闯荡，在短暂交集时都各自迸发出热量与光芒，照亮并温暖过彼此。

于成杰而言，他回顾往昔，常常思旧友、念故人，更是感慨浩瀚生命之中微小的章节，如热带雨林中蝴蝶的轻薄翅膀，扇动日后磅礴的命运。

2003 年 7 月 17 日，成杰接到李显耀的电话。李显耀在电话中说："成杰，你不是喜欢演讲吗？晚上有一场不错的演讲，我们一起去听一下吧。"

成杰兴奋不已，一口答应下来。

在我们每一个人去认识这个世界的过程中，除了结合书本或者其他信息技术之外，都有一个属于自己的方式。有的人，借助他人意见；有的人，靠悉心观察；有的人，靠推理和判断；而有的人，则会不惜一切代价去推开每一扇可能蕴藏着知识宝藏的大门。

所以那天夜里，在绵阳当时一个还不错的酒店，一直在探寻成功奥秘的成杰被"大门"后面的宝藏震惊了。

酒店会议室的讲台上，一位着白色西服的男子目视前方，侃侃而谈。聚光灯下，他有万丈豪情，也有脉脉温情，引经据典、信手拈来。找一个位置坐好，成杰环顾四周百余听众，大都凝神屏气、全神贯注。成杰不由自主想起自己在广场上演讲的时候，那些好奇的、质疑的，甚至警惕的目光。

整整两个小时的课程，成杰心脏紧缩并且听得到它在"怦怦"地弹跳，血液在身体里迅速流动，瞬间充满能量。他从来没有想过，除了自己的父亲，会有另外一个人令自己如此钦佩与敬仰。也许当时的张广如老师并不是行业中的翘楚，但在成杰的世界里，已经是神一般的存在。

"张广如老师""教育培训",那天晚上,成杰牢牢记住了这两个关键词。回到住所,他几乎彻夜未眠。闭上眼,过去种种像一部无声电影,苍白、呆滞地推进,梦想被一只饥饿的叫作生活的小兽吞噬,不复存在。是的,书店渐入正轨,可以过相对安逸的生活,有时间看更多的书,但是,书店小小一方天地,商业广场门口那个临时区域,就是自己最终的舞台吗?

成杰睁开眼,晨曦已经透过窗户,轻轻洒进简陋的房间。他眼前一亮,本来萌生的睡意又消失殆尽。

小时候,总是想去太阳出来的地方看一看,那些有光的地方,对孩子来说,是自由。

自由是比生存更高级的一种欲望。也正是这种对光、对自由的向往,让成杰有勇气走出大凉山,去探索如宇宙星云般遥远飘忽的未来。

张广如老师这一堂课,如一场高速投射进入地球大气层的流星雨,不由分说地砸中了一直在黑夜里仰望星空的成杰。

"我要进入教育培训行业,我要踏上真正的演讲台,我要成为一名伟大的演说家。"

经过一夜的反复思索,成杰做了一个生命中最重要的决定。

决定影响命运。不要忽视一个人为自己所做的每一个决定。宇宙中蕴藏无数神秘的力量和巨大的潜能,你的每一个选择、每一次行动,都将为你的命运埋下深深的伏笔。

到长虹当工人,去夜市摆地摊,创业开书店,曾经的小目标都一一实现,但成杰始终相信,这些都是自己在驶向大海之前必经的河流。所有的曲折、跌宕、起伏、平缓,都是为了铺垫日后的浩瀚,等待命运的洪流席卷而来。

所以,他的朋友李显耀,这位创业路上的智者与知音,在给成杰做了基本的分析与理性的劝导后，也被他坚定的态度与决定所感染。他拍拍自己这个小兄弟的肩膀，说："选择了就不要后悔，你去吧，大哥支持你。"

与人深交，不是看他在高处时对你有多好，而是看你在低谷时对你的无欲无求和鼎力支持。也正是这些纯粹的友情与无言的支持，让成杰在追寻梦想的路上一路奋战，从未停歇。

第二天一早，成杰出现在张广如的公司门口。

2003 年 7 月 18 日，一只蝴蝶在绵阳轻轻扇动了一下翅膀。这个世界没有弱肉强食，只有适者生存。唯有对生活、对生命、对梦想无比热爱，才可能成为最后的赢家。

## 我要成为一名演说家

成杰记得小时候常常和父亲一起下田。走过曲折狭窄的田埂，有时失去平衡，脚下一软就会陷进田里，带出一脚的泥。

而成杰不惊不惧，嘻哈笑闹地像玩了一场有趣的游戏。只要不及 6 岁那一年从牛背上摔下的惊心动魄，每一次小小的意外、坎坷，都可以成为成长路上生动的回忆。

他向往田野，向往天空，向往有限的时间与空间背后的无限可能。他带着懵懂的梦想一路跌跌撞撞，一路且败且战，从未有过一丝倦怠。父亲口中的"瞎造"，其他人眼里的"瞎折腾"，是那个时期成杰身上的标签，但正如鲁迅所说：本身就穷，折腾对了就成了富人，折腾不对，大不了还是穷人。如果不折腾，一辈子都是穷人。

所以多年后成杰常常庆幸自己从未将青春虚掷，而是在反反复复的"折腾"中最终找到属于自己的人生舞台。

2003 年 7 月，偶尔听过一场张广如老师的演讲之后，刚刚当上书店老板不久的成杰又一次做了一个几乎令所有人都大跌眼镜的决定——成为一名演说家。

但是当成杰满怀激情地去敲开张广如公司的大门，说明来意时，却遭到了拒绝。

对于一家尚在起步中的教育培训公司，自己的温饱尚成问题，像成杰这样文凭低微、毫无经验的年轻人，哪怕从销售做起，也没有容身之地。

但成杰在进工厂、摆地摊的过程中，早已经深谙适者生存这个法则。他提出不要一分钱工资，只希望能够留在公司工作。

也许在企业里做过人事或面试的人都有经验，想来公司的人，会把收入作为率先考虑的问题，但对于企业管理而言，平衡项目收支，员工工资是一个重点。对于一个不太了解的人而言，主动提出不要工资的条件，是一块绝对有效的敲门砖。

将书店托人暂时打理，成杰"顺利"进入张广如的教育培训公司，最初的工作是销售张广如老师课程的门票。如果此刻成杰的事业目标只是做一名教育培训公司的销售员，恐怕接下来的遭遇不出一两天就会给他致命的打击，让他早早退却。但所幸，成杰在做每一个重大的选择之前，总是有置之死地而后生的决心，并且他的目标是成为一名真正的演说家。

成杰被人粗暴地挂断电话，被人硬生生地从办公室赶出去，甚至被粗俗或羞辱的语言将好不容易用一份梦想支撑的自尊心踩到最底的尘埃里。

许多年后，成杰为新员工分享这些和他们相似的经验时，只说了几个字：相信相信的力量。

但这些拒绝与打击，成杰都一一扛过来了。即使被无数人拒之门外，他仍然相信在无边宇宙的亿万星辰之中，必定有与自己契合的灵魂。2019年春天，在绵阳一个叫作桃花岛的休闲广场，我见到了成杰当年做销售时认识的两位"客户"。

其中一位名叫徐极佳，这个儒雅、谦和的中年男人认识成杰时正经营一家酒店，少年得志、意气风发。但他曾经花数千元听过陈安之的课，对教育培训有一些基本了解，对"成功学"也不反感，50元一张的门票，他买了6张，算当年成杰的一位大客户了。

在他对成杰的描述里，我看到一个清瘦俊朗的年轻人，哪怕说着生涩的普通话，但倔强的眼神中透露出他来自底层却从不向命运屈服的拼搏之心。也正是成杰对教育培训和演讲的这份狂热打动了也曾做过销售的徐极佳，此后，两人彼此关注与关怀，最终两人成了好友。

在徐极佳看来，一个人卖什么并不重要，重要的是，一个人需要明白自己想要的人生是什么，无论做什么，都不会再偏离自己的初心。

而蒋晓军，是一个看上去就像"大哥"的中年男人，皮肤黝黑、身材壮硕、戴着很粗的手串。

看似不羁的外表，实则已经活得明白而通透。

19年前，在投资生意赚够钱的蒋晓军身边已有很多前呼后拥、百般奉迎的人，但从5岁开始背诵《增广贤文》的他，身在迷局中却有醒世心：相识满天下，知己能几人？他很清楚地知道，这些生意场上的朋友，与自己往来的初心并不纯粹，或许能给彼此带来利益，却不见得能够真正交心。

但第一次和成杰见面，自视甚高的"蒋哥"却不敢轻视他。他在这个浓眉大眼、衣着朴素但颇有灵气的小伙子眼睛里并没有看到他司空见惯的讨好与谄媚，只有一股昂扬的自尊与自信。但他还是拒绝了成杰。只是从此每个周六，他会收到来自成杰的问候短信，而这些始终如一的短信，就像成杰这个名字在他心目中的地位，再也不曾缺席。

蒋晓军也记不得有多久没遇到可以和自己平等相处的人。虽然他对教育有属于自己的一番理论，但他愿意和成杰一起谈论阅读、分享人生，甚至成为成杰练习演讲时忠实的听众。

或许成杰是他最特别的朋友，也是他富有但平淡的生活里的一道光亮，让他觉得自己还保有对生命最后的纯粹与天真。所以，我猜他从始至终没有成为成杰真正的客户，没有为他当时的销售业绩助一臂之力，是希望他与成杰的关系只限于朋友，而非生意。

但成杰并不介意，于他而言，可以走入蒋晓军的生活，与事业成功的人打交道，近距离观察他们的谈吐举止、为人处世以及经营之道，这对年轻而无社会资源的成杰而言，本身就是一笔巨大的财富。

在绵阳做培训的日子，成杰口中的"蒋哥"常常把他带到家里吃饭、聊天，给成杰以最高的礼遇，更让他感受到真挚的友谊与人世间的温情。2005年8月，成杰离开绵阳，蒋晓军打来电话："兄弟，晚上给你饯行。"

什么样的友谊值得"饯行"？

是王昌龄的"一片冰心在玉壶"，是李白的"桃花潭水深千尺"，还是王勃的"海内存知己，天涯若比邻"？

1907年，美国小说家杰克·伦敦发表了一部脍炙人口的中篇小说——《热爱生命》。

小说里的主人公在食物链的最底层，被死神追逐，但挣扎求生。"病人一路爬着，病狼一路跟行着，两个生灵就这样在荒原里拖着垂死的躯壳，相互猎取着对方的生命。"

这个世界没有弱肉强食，只有适者生存。唯有对生活、对生

命、对梦想无比地热爱，才可能成为最后的赢家。

　　而成杰，在那段销售经历中体会到的生命本质，就是持续地去珍惜与热爱那些照亮和温暖过自己的友谊。

　　他们和成杰熠熠发光的梦想一起，和父亲无条件的爱一起，推动着成杰往前，义无反顾。

他踏实、勤奋、务实、执着，这些像大凉山的土壤一样质朴的性格，却终究在残酷的市场面前败下阵来。

聚散如流沙。看似宏伟的理想国，一夕之间坍塌，连给他反应的机会都不曾留下一个，而成杰这颗微不足道的沙粒，又被命运巨大的洪流席卷到半空中。

# 演说家的自我修炼

从成杰进入张广如老师的教育培训公司开始，他就下定决心在这个行业中耕耘一生，绝不后悔。在过去的人生经历中，成杰觉得自己就像一粒细小的沙子，孤独、饥饿、干涸，好不容易想附着在一块坚实的陆地上，风一吹，又被卷到不知名的地方。

他敲开一扇一扇陌生的门，他拨打一个一个冷漠的电话，无数次被冷落，无数次被嘲笑，但他始终在残酷的命运面前保持着让人无法想象的勇气与热情。

正如成为他10多年好友的"蒋哥"所言，他把每一个潜在客户都真心实意地当作朋友对待，每周一次的短信问候、定期的登门拜访、持之以恒的产品推荐……最关键的是，他的自信、坚毅与诚恳，在随波逐流的人世间，总是让对"成长"有追求的人们刮目相看，并且铭记在心。

他理所当然地成为公司中的佼佼者，进公司第二个月，便成为当月的销售冠军。

此时，之前托人打理的成杰书社失去了成杰这个主心骨，生意日渐冷落，最终将店面和书籍都转给了别人。

但这个阶段的成杰，早已心无旁骛、孤注一掷。

但这绝不是赌徒或投机心态，因为赌徒或投机者拼上全部身家，是想通过这一次下注获得最大的利益。如果赢了，可能会继续下注；如果输了，从此一蹶不振，却从来不曾想过是自己的初心出了问题。

而成杰却拼着一股子改变自己的决心，走上教育培训之路，并且无比坚定地相信终于找到一个可以一生都持续学习和成长的平台。

在张广如公司工作的时候，除了学习直面市场，一个蹲马步的内部员工比赛也让成杰对如何在市场竞争中取得最后的胜利有了独特的体验。比赛规则很简单，谁蹲马步的时间长，谁就可以获得100元奖金。

在很多人看来，这就是个游戏。但成杰不这么想，他带着与工作一模一样的态度，待许多人在10分钟、20分钟、30分钟便纷纷"缴械投降"的时候，一个人坚持了整整1个小时，成为最后的赢家。

张广如老师郑重地将100元奖金递到成杰手上，成杰第一次听到了"剩者为王"的概念。

"剩"是执着。在别人犹豫的时候，更加需要坚持。

"剩"是艰苦。很少有人会选择艰难的路，所以只有极少的人才会成功。

"剩"是孤独。优秀与平庸之间，永远隔着一座山的距离。

但当年的张广如老师还有一点没有分享到的是，"剩"其实也是一种高贵的信仰。这种信仰可以让人不被外界条件束缚，也可以让人享受成功，还可以让人坦然接受失败并永远拥有"归零"的谦卑之心和从头再来的勇气。

也就是在与大家分享"剩者为王"几个月之后，张广如老师的教育培训公司受绵阳经济形势和市场销售的影响，黯然关门。临别之际，张广如请员工在立交桥下一个简陋的面馆聚餐。

这是 2003 年年末，这个消息对于刚刚开始适应这份工作的成杰来说，无异于晴空霹雳。一心想走上教育培训之路的成杰放下一切，用了半年的时间去拼搏，收获的却是"失业"这个结局，他的心像 12 月的天空一样灰暗而阴冷。

但是成杰并不甘心。

他一个人回到公司，面对人去楼空的惨淡景象，一时竟无所适从。这几个月以来，他一度相信：因为有了进入教育培训行业这个理想，自己这一粒一直飘浮在空中的细沙对土地有了极强的附着感。

他踏实、勤奋、务实、执着，这些像大凉山的土壤一样质朴的性格，却终究在残酷的市场面前败下阵来。

聚散如流沙。看似宏伟的理想国，一夕之间坍塌，连给他反应的机会都不曾留下一个，而成杰这颗微不足道的沙粒，又被命运巨大的洪流席卷到半空中。

那个寒风刺骨的冬天，绵阳的街头再一次出现了成杰摆地摊的身影。如果说之前摆地摊是为了给梦想做加法，那么现在却仅仅是为了满足最起码的生存，以及填补希望又一次破灭的失落与空虚。

2004 年就这样来了。希望仿佛又成了沙漠中的海市蜃楼，扑朔迷离、寥无踪影。除了摆地摊，成杰竟然不知何去何从。1 月 4 日，成杰接到父亲修房子时从楼上摔下来的消息，四处找朋友借了 800 元，赶回了西昌。

离家三年有余，虽然看起来一事无成，但成杰对人生已经有了不一样的要求。看着躺在床上舍不得去医院医治的父亲，成杰又是心痛又是愧疚，便好好在家陪他过完了春节。而父亲依然对儿子的未来充满信心与鼓励，哪怕被病痛折磨，也不让成杰在家多待。于是成杰在大年初八就再次回到绵阳。

一旦做了决定，他将不会再偏离教育培训和成为演说家这个目标。

每天早上，成杰爬到普明山上练习演讲。工欲善其事，必先利其器。他知道，只有自己真正具备了一个演说家的水平，才有资格与信心站在未来更大的演讲舞台上。

也就在同一个时期，朋友小钟推荐了一位名叫陈再华的老师给他认识，让他学习到"卖书＋演讲"的商业模式。

但是自己还没有出版过书籍，一切无从下手。小钟又好意提醒："你不是有写日记的习惯吗？把日记集结成册，就可以出书了。"

很多年以后，成杰在上课之前，都会提醒学员：眼睛看，学一遍；耳朵听，学两遍；嘴巴讲，学三遍；记笔记，学四遍……因为他自己，就是习惯记录下学习、生活与心路历程的受益者。

从几百篇日记里筛选出 50 篇，修改润色，《迈向成功之路》的书稿便成型了。

《迈向成功之路》手稿封面

陈再华老师又建议："这样的书稿，要找出版社出书可能不太现实，不如找个印刷厂印成印刷品吧。"但是印刷费也要几千元，这下子成杰又陷入了困境。

朋友李显耀大哥再一次伸出援手，借出 4000 元给他印出了书稿。书稿印好的那一刻，摸着自己人生中的第一部作品，成杰第一次觉得，自己此生都不要再成为一粒沙，而应该成为一滴水。

看似柔软，但"天下之至柔，驰骋天下之至坚"。滴水穿石，有持之以恒的勇气；上善若水，有润泽万物的恩慈；涓流入海，有众志成城的能量。

聚散如流沙，而情义如江海。如果生命中注定会有一段漂泊和流浪的日子，他宁愿变成一滴水，在厚重浑浊的人间保持至清至浅，却至情至性，一朝汇入大江大海，就可以成就更壮阔的生命。

但那些颠沛流离里的诗意浪漫、山穷水尽时的亲恩友情，以及漆黑长夜里的璀璨梦想，才是苦难生活里最值得分享与歌颂的华章。

## "零"的智慧

大概这个世界上的每个人都有过从零开始的经验。这个"零"，可能是生命起源，是家族背景，是社会关系，是财富基础，也可能是学历与资历。

而年少的成杰除了勇气、智慧以及不断求知求进的决心，几乎没有可以依托的基础。

但他对"零"的认知，是《周易》所言："是故易有太极，是生两仪，两仪生四象，四象生八卦。"也是老子所说："天下万物生于有，有生于无。"

他要开辟的是一片前所未有的、属于自己的天地。

在张广如老师的公司关门后，成杰依然没有放弃当演说家和从事教育培训的决心。就像当时不要工资一样，他决定从免费演讲开始，去敲开梦想的大门，并且开始拜访各个大学院校，提出希望给学生做公益演讲的愿望。

毋庸置疑，成杰遭到一次又一次无情的拒绝。

人们看着他年轻的脸和朴素的衣着，随意翻看着印刷得并不精美的书，用冷漠、怀疑，甚至嗤之以鼻的口气质问他："你知道什么是成功吗？你成功了吗？"

言下之意，唯有成功者才有资格踏上演讲的舞台。

我相信多年以后，这些人如果还记得成杰的话，一定会重新思索"成功"的意义。成功不仅仅是财富的积累、地位的显耀，它也应该是一种创造、一种突破、一种超越。它不仅仅是一种结果，也是一种过程。

但成杰坚信，没有一个舞台是天生为你筑就的。在你登上它之前，你需要穿越喧嚣的人群，绕过无数弯路与障碍，攀上层层阶梯。即便如此，有可能在登上它时，环顾四周，却没有一个读得懂你的听众。在通往梦想的路上，少有人不会感到孤独。

就像当下，绵阳几十所学校都已经一一拜访过了，却没有一所学校愿意给成杰一个发表公开演讲的机会。希望是朝阳，让成杰每天都热血沸腾地出门；而失望却是寒霜，一次又一次地叠加，让成杰冻到全身冰凉。但他每天会感受自己的心跳，看自己是否还像第一次听到人生中第一场演讲那样，被梦想触发到如洪水开闸、火山爆发。

两个月后，成杰拜访过 10 余次的绵阳创业学院教导处刘主任终于给了他一次演讲机会。

我想，对于刘主任而言，打动他的除了成杰的坚韧，还有他那份与"创业精神"不谋而合的奋斗历程。对于学院的学生而言，除了传授日常课程，让他们提前感受一个在创业路上的年轻人的激情，是一件百分之百加分的事。

就是这样一次免费的演讲，因为学校活动安排，时间也调整了三次。最后一次，明明定好上午演讲，没想到暴雨突袭，学校打来电话说调整时间，但等待已久的成杰坚决要按原计划进行。

电话里的成杰一字一顿："哪怕天上下的是刀子，我也会如期演讲。"他感觉自己为这一天已经等待了好多年。

古人有云:"一鼓作气,再而衰,三而竭。"但成杰没有把这次演讲当作一次战斗,而是把它当作未来人生都将持之以恒、日日精进的修行。所以,哪怕经历了数次变化,丝毫没有影响他的状态。

这是成杰第一次正式的公开演讲,也是第一次在那么多人面前亮相。300多名大学生聚集在大礼堂,人头攒动。

2004年,成杰开启了第一场大学公益演讲

上台那一刻,成杰又想起自己那些在商业广场人来人往中也能游刃有余的演讲经历,把紧张、兴奋以及激动的情绪和磅礴的大雨一起关在了大礼堂之外。而自己仿佛又置身于春花烂漫的普明山上,或者绿柳如烟的安昌江旁,保持着平和与自信的状态。

此刻,他心里没有别人,只有沿街叫卖报纸的自己,在40℃的室外安装空调的自己,在工厂流水线上作业的自己,以及被城管撵得满街跑的自己。

但那些颠沛流离里的诗意浪漫、山穷水尽时的亲恩友情，以及漆黑长夜里的璀璨梦想，才是苦难生活里最值得分享与歌颂的华章。

所以，当他站在这朴素而坚实的校园舞台上时，300多名莘莘学子看到的是一个从内而外爆发着无穷能量、坚毅与自信的成杰。他的声音平和冷静，但富有激情、铿锵有力。

窗外的天空被暴雨和乌云压抑得黯淡无光，而舞台上的成杰身心通透、被伟大的梦想赋予了太阳般的光芒。

20岁左右的年轻人，大多数徘徊在人生的十字路口。求学、就业、恋爱、生活，大量的信息与关系充斥到他们尚未真正进入社会的大脑里。

一步之差，差之千里。而成杰的演讲，无疑让他们看到人生的种种可能都取决于自己的梦想和持之以恒的学习。那些潜意识里觉得不可思议的美好愿望、宏图壮志，此刻一一被解锁、被释放。

一个半小时的演讲结束，台下掌声雷动。

这不是一场战争，却鸣响了成杰演讲生涯的第一炮。此后，各种院校的邀请像雪花一样纷至沓来，近百场校园免费演讲让他一时之间成为西南地区的校园名人，风头无两，为他的教育培训事业垫下坚不可摧的基石。

接下来，成杰开始从校园转战企业。640场免费演讲下来，他终于等到了人生第一次收费的培训机会。

2004年8月16日，成杰接到一个电话。做美容机构的田总向成杰咨询给员工培训一天的价格。经过几百场实战，站在演讲舞台上已足够洒脱自如的成杰，在电话那头却紧张到结舌，只有把问题抛回给田总："您说，您说。"

僵持了几个回合，对方尝试着说了一个400元一天的价格。

成杰一口就答应下来。

今天的成杰，一场演讲上百万元的收入是家常便饭，但当年这 400 元于他而言，无疑是一笔"巨款"。

大半年来，成杰做了 640 场演讲，分文不取。有时候勉强卖上十几本书，或者主办单位给一些交通补贴，仅够维持基本的生活开销。这个在绵阳演讲界崭露头角的年轻演说家，为了节约费用，常常蹬着一辆破旧的自行车到达演讲现场。

所以，虽然只有 400 元，却给予他创世纪般的鼓舞。更重要的是，这 400 元课程费是成杰演讲生涯中又一个从"零"开始的转机。

之前的课程最多只有半天，讲一天的课程，对于成杰来说，是一次新的挑战。在朋友李显耀大哥的支持下，这次企业演讲又获得了意想不到的成功。

大多数创业者，先考虑的是如何活下来，但成杰却打破樊笼，以一种牺牲与无我的状态将自己投入到演讲事业中。他以"零"的费用、"零"的朴素、"零"的本源，以及"零"的智慧，慢慢筑成了他梦想中的罗马。

不是所有的努力都能够得到回报，但所有的努力都会成为人生宝贵的经验，以及回忆起来毫无愧疚的丰富话题。

---

## 夯实自己，坚守梦想

从小我们就鼓励自己：越努力，越幸运。

不是所有的努力都能够得到回报，但所有的努力都会成为人生宝贵的经验，以及回忆起来毫无愧疚的丰富话题。

很多年以后，有些学生向成杰提问："怎样才可以获得成功？"

成杰看看天空，仿佛多年前那明亮而让人斗志昂扬的太阳依然照耀在头顶上，他浅浅的微笑里藏着满满的自豪："因为我很早的时候就已经失败过。"

17岁在家乡自产自销洗衣粉，22岁在绵阳开成杰书社。第一次是不曾了解市场的轻率，第二次却是为了演说家的梦想而放弃，但他从未裹足不前。他相信，所有的失败或方向的调整，都是在为成功做准备，都是为了有一天可以准确地实现伟大的梦想。

2004年9月，当成杰凭一个人、数百场演讲撼动了绵阳教育培训界的半边风云，他觉得自己再次创业的时机又到来了。

4张桌子、8张椅子、5个毫无经验的销售员，此时的成杰教育培训机构就像一艘大海里的孤舟，而成杰就是那个在大风大浪

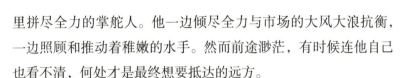

里拼尽全力的掌舵人。他一边倾尽全力与市场的大风大浪抗衡，一边照顾和推动着稚嫩的水手。然而前途渺茫，有时候连他自己也看不清，何处才是最终想要抵达的远方。

当时的成杰没有个人IP、没有资金实力、没有精准客户资源、更没有拳头产品，几场培训做下来，大家累到人仰马翻，效果却不尽如人意。

50元、200元一张的课堂门票，远远满足不了团队生存的需要。而后继无力的产品结构也无法支撑学员的信任与信心。缺乏长期规划与市场积淀的公司，注定跌跌撞撞。

创业的激情与短期的成就也许可以让成杰个人走得更坚实，但企业发展仅仅靠一个人的勇气和拼搏是不够的。当所有的问题接踵而来，成杰开始思考，自己这一步是否走得急促了一些。

他约了一些对教育培训有一定了解的圈内朋友，一番交流之后，朋友们给了他不少中肯的意见，其中提到一个关键——要想在教育培训这个行业走得更远，需要向优秀的人靠近，向优秀的平台借力，向优秀的团队学习。

成杰一一虚心听取这些意见，因为在他看来，创业不是一个目的，而是一种通向梦想的方式。当这种方式可能被市场考核、被客户质疑、被时间检验的时候，一味冒进是无意义的。23岁的成杰，回望走过的路，汲取智者的经验，不断地自我肯定与自我否定，夯实自己前进的路径，对梦想和成功的追逐从未改变。

失败没有关系，爬起来，永远不要放弃。事实证明，坚持不懈，最后一定能成功。唯一能打败你的，只有你自己。只要你自己不被自己打败，就没有人能打败你。

是的，对于成杰而言，没有事业的失败，只有信念的崛起。就像他在2017年出版的《日精进》开篇语中写道：成长永远比成功更重要。成功是什么？成功就是今天比昨天更有智慧，比昨天更慈悲，比昨天更懂得爱，比昨天更懂得生活的美，比昨天更懂得宽容别人。

成功的人，就是"日日精进、日日向善"的人。

在透彻地审视自己一番以后，成杰决定关掉自己苦心经营了大半年的成杰教育培训机构，去更好的平台修炼自我、开阔眼界。

2005 年 3 月 31 日，通过多轮面试、考核，成杰加入了当时中国教育培训行业的先行者——聚成公司，成为其绵阳分公司的一员。

与之前加入张广如老师的教育培训机构时对这个行业的膜拜不同，此刻的成杰已经渐渐懂得教育培训行业的目标与使命，是服务人、教育人、影响人。而在此之前，一个合格的从业者更应该有不断学习与改变自己的勇气。

如果说当时的成杰对教育培训行业充满着神圣而纯粹的向往，但一路奋战不断碰壁的过程也让他开始衡量这个行业中生存与发展之间的责任。工作，是一个人的事；而创业，是一群人的事。

生而为人，不能仅仅为自己活着。当你选择创业，你将背负着一群人的生计、梦想以及未来。

他常常会想起 2003 年 12 月，张广如老师解散公司时，大家在立交桥下一个破旧的小面馆里最后吃的那一碗面。曾几何时，成杰一个人在绵阳闯荡、漂泊，渴了、饿了、苦了、累了，所有的身体感受和情绪都被紧紧包裹在自己倔强而孤独的内心中，无人倾诉、无人理解。

但在张广如老师的公司里，短短几个月的时间里，他第一次

在绵阳找到归属感。哪怕只是团队偶尔的一点关怀或极其朴素的聚餐，都会让他在市场上被无情地拒绝之后取得源源不断的温暖与力量。

在绵阳市场萎靡的时候，哪怕薪资微薄，成杰也从没想过放弃，他感恩于张广如老师的那一次演讲会开启了他通向人生新方向的大门，他更感恩于自己在这个行业中像一张白纸的时候张广如老师给予自己的机会。但是公司的突然解散，让他这个本来以为已经找到了家的"流浪儿"再次失去了依托。

所以在进入聚成公司绵阳分公司之前，成杰给自己的梦想画下了宏伟蓝图，也暗自下了决心，如果再次创业，一定要对得起将信任托付给自己的伙伴。

因为已经有了一定的客户基础和销售经验，运用聚成相对成熟的课程体系，他在短短 10 天内，就因为业绩出众，从一个销售员迅速晋升为营销经理。

短短三个月，成杰带领着自己不多的团队伙伴，善用过去的经验，同时也在不断打破过去的经验。

2005 年 9 月，聚成公司南京分公司成立，在绵阳分公司表现卓越的成杰被调往南京，担任营销经理。

这又是一次"零"的开始。或许从 2001 年 1 月 16 日，成杰从西昌辗转到绵阳那天起，冥冥中就有一种力量，在推动他前行的步伐。

策马扬鞭金陵处，回首故园路更长。

当成杰到达南京这座城市时，四年多前那个微微羞怯、青涩稚嫩的男孩子已经眼神坚毅、步履坚实。他感恩所有苦难的赐予，因为它们，让自己不甘陷入苦难，反而借助苦难与时间的推动，越走越远、越走越有力量。

如今，他面对黄浦江，想象微微荡漾的波光，千丝万缕的流水即将成为自己虔诚的听众。

他打开所有情绪的开关，联结起所有读过的书、走过的路、汲取的智慧，以及自己悟到的人生。

## 成为超级演说家的秘密

每一次到机场航站楼或高铁站，无聊时我会观察那些行色匆匆的旅人。鼎沸的人声和站台广播交织在一起，一个个行李箱被东南西北的人带过身前，一张张陌生的脸带着喜悦、平静、焦虑、烦躁的神色掠过眼前，你很难想象他们将会踏上哪一个站台，面对怎样的世界。

但我似乎可以很自信地描画出 2005 年 8 月，成杰初次抵达南京的样子。被聚成公司调到南京分公司做营销经理的他，轻抿嘴唇，眼神坚毅，掩不住对这个陌生城市的向往，更掩不住即将担负重任的凝重与自信。

在又一个"零"起点，他迅速挑起销售的大梁，同时作为一名讲师，配合市场优化课程，不断提升自己的演讲水平和场控能力。2006 年 1 月，短短几个月时间，成杰再一次用他虎虎生威的销售气势和日臻成熟的演讲水平实现了自己人生的又一次突破。他的月收入已经破万元。

他的磁场正在不断扩大，南京的市场随之稳定而有序发展。

2006年11月15日，聚成的高层又将这名既懂市场又有闯劲的青年讲师放到了上海这盘棋局上。成杰作为培训总监兼研讨会讲师空降上海。

当时上海聚成的营销总监、今天巨海华南分公司总经理刘科征回忆起16年前那段时光，仍会振奋不已。此前，一帮销售人员历尽艰难打开市场，邀来客户，课堂一开，就如网友见面——"见光死"。没有系统的课程、优秀的讲师，别说在现场促成销售，想邀请客户再一次来到课堂都已经是奢望。

但是成杰的到来让销售团队重获希望。也许他们早早在他年轻的面孔下觉察到一个睿智冷静的灵魂，也在他不算高大的身体里感受到激情澎湃的动力。

如果说成杰走出大凉山到绵阳、再到南京是揣着一颗勇士之心，那我更愿意相信这一趟闯荡上海滩的机会，重新点燃了少年时期成杰去流浪他乡、去改变世界的侠义梦想与诗意浪漫。

1923年，鲁迅在第一本小说集《呐喊》中写过南京对自己的影响：走异路，逃异地，去寻求别样的人们。

和少年鲁迅一样，南京奠定了成杰对世界的想象和人间的体悟，更多了一份职场的修炼。他站在厚重昏暗的教育培训市场，瞧见了远处微茫的晨光。

短短数月，成杰协同上海公司的伙伴再次打下一片新天地。同时，他给自己定下了一个"黄浦江101天演讲计划"。虽已经是聚成公认的优秀讲师，但他明白，人生最大的挑战就是优于过去的自己。

他在南京路上租了一间十平方米左右的老式单间，一张床、一张书桌就占去了房间的大半面积。到聚成之后的成杰在经济上已经有了质的飞跃，要想租一间宽敞一些的房间并不是问题，但成杰一直认同俄罗斯人的奋斗理念——床只是恢复体力的工具，永远保持侧卧，保持警觉，随时发起进攻。所以即使到了今天，虽然俄罗斯人体型高大，床却依然很窄小。

当然，这个房间的优势更在于它与外滩在地理上的紧密关系。夏天的上海天亮得很早。早上五点半，用冷水与晨光沐浴残留的睡意，两千米的小跑便把成杰和他童年时期在电视上看到的"上海滩"联系到同一个空间维度上。但此刻的黄浦江平静无澜，丝毫没有让成杰想起黑帮电视剧里的腥风血雨，反而将对岸的东方明珠减去些咄咄逼人的气势，温柔地呈现在江面上。

再往外白渡桥走几步，一个小公园撑起一片绿荫。置身于宁静与清新中，成杰仿佛回到当年在绵阳普明山练习演讲的时候。那时的他说着并不标准的普通话，但每一个字、每一句话、每一篇文章读下来，他都感受得到自己的变化。那些变化就像奔跑后血液流淌的速度和头发在黑夜里默默地生长一样微不足道，但成杰却敏锐地捕捉他们，并坚定地相信时间的力量。

如今，他面对黄浦江，想象微微荡漾的波光，千丝万缕的流水即将成为自己虔诚的听众。

他打开所有情绪的开关，联结起所有读过的书、走过的路、汲取的智慧，以及自己悟到的人生。

正是初夏，这个季节的上海常常会下起小雨，淋湿路面、淋湿头发。空气不冷但清冽，也让成杰愈加清醒。他知道在这个繁华而冷漠的城市，很少有人会真正在意自己的存在，也没有人读得懂自己的梦想。就像此刻，身边会时不时经过散步或晨练的人，有的人会看看"热闹"，有的人眼里装着疑问，而有的人嘴边却带着淡淡的嘲弄。成杰没有漠视他们的存在，但凡有人停下

来看着他，他便微微侧身，认真地看着他们，但演讲练习并未停止。

那些人低下头，匆匆离开。

也有些路人，停下来，静静倾听。听到有趣的故事、智慧的哲理、精妙的语言，也会忍不住轻轻鼓掌和叫好。

成杰每次都会礼貌地欠欠身体，微笑着接纳来自人群的善意。成杰的演讲水平随着这101天的练习突飞猛进，而随之进步的还有他的智慧与能量。因为之前上海公司的课程体系和师资等因素，造成许多老客户流失，而客户邀约有限。有时，一堂课只有二三十人，又营造不了氛围和影响力。再好的课程，给客户的感受也只能平平，因此成交率很低。

回顾当年在绵阳免费演讲的经历，成杰大胆地做了一个决定：开设一个100人的大课，并且不收取费用。

教育培训行业和其他行业不同，它的客户都是对学习和成长有内在需求的。这不像一场免费电影或一顿免费晚餐，看了、吃了，人就散了。好的课程会激发人的内在或者心灵的觉醒，从而打开求知或者成长的大门。

并不是所有的人都像成杰一样面对未知的领域无惧无畏、势不可挡。大多数人，在面对新的事物、新的人，或许内心有些触动，但仍然会将自己放在一个角落，等待更多和自己一样的人出现。

所以，大课的内容虽然相似，但销售效果截然不同。只要有一个人被打动，势必会影响周围的人，从而开始相信学习的力量。

毋庸置疑，这堂大课之后，成杰在上海滩"一战成名"，除了让上海公司的销售业绩势如破竹，更吸引了全国多家分公司请他讲课。

一场演讲可以邀约上百名学员，一场研讨会收入颇高，而来自其他城市的邀请让他走向一个又一个演讲台。

黄浦江 101 天的演讲将初到上海的成杰推上了又一个新的高峰。

比起家乡的贫瘠，绵阳的奋斗、南京的引爆，这不骄不躁的 101 天，就像季节由春入夏，把人间最盛大唯美的画卷在成杰面前徐徐展开，成就了黄浦江畔踏歌而行的惬意与自在。

成杰·勇闯上海滩

第四章

# 创业之路　携手同行

　　2008 年，无论是对于成杰抑或是巨海而言，都是一个具有历史意义的篇章——日新月著，开疆拓土。

　　十年之后，那场震惊全球的地震带来的伤亡与哀恸已经无须赘述，但无数人的生命被影响，无数人的命运被改变，而无数人的灵魂也因这场灾难获得洗礼与蜕变。

## 赤子之心，一朝觉醒

　　2008 年，中国又成为世界的焦点：抗震救灾，收获温暖；神七上天，中国梦想；沪深暴跌，政府救市；改革开放，三十荣光……

　　众多大事件的发生，有政治环境，有经济起落，有天造，也有人为，但无论起因如何，到最后都成为中国人民与所处的环境一次次博弈与抗争的伟大见证。

　　这一年，无论是对于成杰抑或是巨海而言，都是一个具有历史意义的篇章——日新月著，开疆拓土。而翻开这页篇章的力量，来自世界的革新、经济的洪流、时代的更迭，更来自一场令全世界震惊的巨大灾难。

　　2008 年，26 岁的成杰已经成为聚成公司一名有影响力的研讨会讲师，有时候一场研讨会的成交金额就高达上百万元。

　　但“成功”的意义不仅仅在于表面上的名利双收。每一场演讲、每一束鲜花、每一次掌声，都仿佛在回报他从 19 岁初涉这个社会遭遇的每一次冷漠、每一次拒绝，甚至每一次羞辱。

有时候，年轻的成杰听到自己沉稳明亮的声音从喉咙里迸发出来，再通过话筒传递到巨大的教室或酒店会议室里，也会有偶尔的漂浮感与满足感。

台上的他风趣爽朗、挥洒自如。

台下的他，偶尔会想起昨天的自己。

一度，他站在命运巨大的阴影里，站在被人忽视的舞台背后，或者站在风吹日晒的街头，慌张而迷茫。但他希望自己有一天也可以被认同、被关注、被赞扬与传颂。

所以，从他听过人生中的第一次演讲开始，他就立志成为一名优秀的演说家——当演讲结束后，站在镁光灯下，周遭再无一丝阴影，只有自己。

哪怕为此付出常人难以想象的努力，成杰自己也未曾想到过，不过数年时间，这个梦想早早地就实现了。

他投入到一场又一场的演讲中，进到一次又一次的研讨会现场。他身陷于如海浪般袭来的掌声与赞美里难以自拔，而一次又一次完美的成交更是把他绑在商业利益的怪圈里动弹不得。

高薪、绩效、地位、名誉，多少人求之不得的诱惑，就像古希腊神话中希波墨涅斯掷出的金苹果，一度拖慢了成杰的奔跑速度，但他并未迷失在眼前的利益里。他常常会提醒自己，身在名利场上，也要保持属于自己的骄傲与清醒，不忘初心。

成杰一边继续在教育培训这块疆土上耕耘不息，一边不断用阅读、学习与实战为自己赋能，同时，他从未抛弃与外部世界的联系。

工作只是他生存与成长的平台，而国家与社会却是给他提供更多养分与能量的精神岛屿。

2008 年 5 月 12 日 14 时 28 分，大半个中国都感受到来自四

川汶川的震感。

而成杰在警报鸣响那一刻，第一反应不是避险，而是想到自己能为家乡的人民做些什么。

汶川与成杰的家乡西昌同属四川省，成杰彼时的心和汶川人民一起面对着余震，此起彼落，彻夜难安。

那些天，他几乎天天守在电视和广播前，随时关注抗震救灾的进度，每一分情绪都被来自汶川的消息左右。

许多初涉社会的年轻人都在单纯地希望成为一名勇士、一位强者，把力量和果敢当作武器，把职场和薪金当作梦想。他们以为，如果不用转瞬即逝的青春实现梦想，你就会成为一名弱者。

冷漠的都市不相信眼泪，所以当他们也曾经历过拒绝或否定之后，天性的善良可能已经被世俗洗涤得稀薄而可怜。面对国家的灾难、弱者的乞怜，他们还未获得财富，或许便已经拥有铁石心肠，只是冷眼相向。

法国作家雨果说："善良即是历史中稀有的珍珠，善良的人便几乎优于伟大的人。"

在成杰看似贫瘠的童年里，父亲拥有并传播给他的善良就像是一颗珍贵的珍珠，让平凡的生活也温润美好并且散发着洁净的光亮。

父亲带着徒弟们在村里修房子，从来不吝教学，他不怕徒弟把手艺学走了自己没有钱赚，只盼着这踏实又温暖的土房子给村里人撑起一天天的好日子。

工钱辛辛苦苦拿到手，虽然自己干了一大半的活，但看着徒弟们那些期盼又羞怯的眼神，父亲总是会平均分配，让大家都喜笑颜开。两次从在建的房子上摔下来，父亲从来都是自己去医院检查拿药，舍不得住院，也不会向房东提出任何赔偿……

父亲的善良与慈悲像老家那条河流，在成杰的童年里缓缓流淌，在他坚韧的性格里浸润出相似的柔软与悲悯之心。当国家大难、风云骤起，这条河流以暴涨的姿势冲击着成杰的灵魂，让他觉醒、让他动容。

　　他记得老家那条河，横亘在村子与学校之间，屡屡因为暴雨困住对上学充满热情的孩子们。年少的成杰已经有了在河对面修一所小学的梦想。

　　而今已经成年，面对国家大难，成杰恨不得立即赶往灾区，但成杰更清楚的是，以一个普通社会人士的一己之力无法和专业的救援队处于同一个水平线上，唯有给人添乱。

　　面对浩大的灾难，成杰虽略有积蓄，但他知道哪怕倾其所有也不过杯水车薪。他相信，只有用自己的专业技能去赢得更多的社会资金与资源，才是自己可以支援的方向。

　　这个世界上，有一种我们看不见的能量，一直引导着整个宇宙规律性地运转，正是因为它的作用，地球才能够在46亿年的时间里保持着运转的状态。也正是因为它的作用，太阳系乃至整个宇宙中，数以亿计的星球都能相安无事地停留在各自的轨道上安分地运行。它引导着宇宙中的每一样事物，也引导着我们的生活，而这种能量就是吸引力。

　　被国家大爱与生命灵性唤醒的他光芒闪耀、锐气显现，比站在演讲台上更具魄力与魅力。

　　如果说"毁灭"是一种人类无法控制的力量，而"重建"却是一种自发的，让人类因此可以在这个浩大的宇宙中生生不息的信仰，它散发的光芒是救赎，也是希望。

这一老一少，一个年近八旬，一个不过 26 岁；一个鹤发童颜，一个君子如玉。

# 忘年交，家国情

"5·12"余震未息，成杰就收到一份来自新疆的演讲邀请。

这场名为"跨越天山的爱·川疆连心大型义讲"慈善活动将在新疆开幕，演讲筹到的所有善款将全部捐献给汶川灾区。

彼时演讲培训行业风云迭起，人才辈出。善言者本身就具备了一种无形的财富，用语言去影响他人，同时也能用语言来成就自己。这份成就不仅仅是个人财富和社会地位的铸就，也应该是一份懂得造福民众、回馈社会的大爱与慈悲。

可惜孔传曰："言知之易，行之难。"

主办方新疆慈善总会向国内多位知名演说家发出邀请，这次活动没有演讲费用，并且机票食宿等一切开销都是自理。许多国内知名的演说家起初都承诺到场，但是临到活动开始，加上成杰，现场总共来了两位演说家。

成杰作为一个初出茅庐的青年演说家，在接到邀请那一刻一念而起的，便是将自己的演讲才华回归至学习演讲时的初心与善意，用自己的一技之长倾力以赴、报效国家。同时，他觉得这是一份奇妙机缘，一份他刚刚决定为灾区做些什么的时候就收到了回音的机缘。

这一次演讲,成杰竟然比多年前刚刚入行时更加激动与忐忑。激动的是,这是一次为灾区、为爱、为国家发起的演讲,以一己之力也能为灾区贡献一份力量;而忐忑的是,这也是生平第一次慈善演讲,面对这场跳脱于商业目的的纯粹演讲,面对台下为爱倾力付出的听众,成杰的敬畏之情油然而生。

在这场注定成为成杰一生最有里程碑意义的演讲中,成杰结缘一位在他演讲生涯中有着重要作用的精神导师。此次活动,另一位到场并与成杰同台演讲的是著名演说家彭清一教授。

那一年,彭清一教授已近八旬,拄着一根拐杖上台,却目如星子、声若洪钟。时隔多年,成杰依然记得彭教授当天的演讲,时而慷慨激昂,如雨后飞瀑奔腾;时而温柔缱绻,如林中溪水淙淙;时而容光焕发,如午后阳光和煦;时而又愁上眉头,如萧瑟叶落悲秋。

正如曹操在《龟虽寿》中写下:"老骥伏枥,志在千里;烈士暮年,壮心不已。"成杰和台下的听众一样,被彭教授老而弥坚、不坠青云的风采深深打动。

而年轻的成杰经过数年历练和不断提升令当下所有听众注目。他一身白色西服气定神闲登上演讲舞台,演讲时,既有涓涓流水的温情舒缓,也有青山叠翠的俊朗明秀,更具星辰大海的波澜壮阔。

这一老一少,一个年近八旬,一个不过 26 岁;一个鹤发童颜,一个君子如玉。但两人都有着同样扎实厚重的演讲功底、行云流水的演讲风格,以及真情实意的家国情怀。

此次演讲获得巨大成功,共为汶川灾区人民筹得善款近百万元,但对于成杰而言,此次最大的收获却是认识了彭清一教授。

成杰在新疆进行慈善演讲

　　一个在舞蹈事业中奋斗了36年的舞蹈艺术家，因为一次意外受伤，从此离开心爱的舞台。但是在为中国政法大学做报告分享的时候，他看到了自己对人生的积极与艺术的执着竟然感染了现场800余人，那一刻，他找到自己未来人生的使命——站在演讲台上，用激情点燃激情，用生命唤醒生命，用正义恪守正义。

　　这位人生经历中同样有着传奇色彩的彭清一教授，听完成杰的演讲后也是在暗中赞叹如此少年已是人中龙凤，演讲结束便与成杰结成忘年之交。在了解到成杰在苦难中成长、在迷茫中坚守的奋斗经历以后，感同身受，当场找来笔墨，为他题下四个大字——天道酬勤。此后，更是与成杰结下更加深厚的渊源。

成杰于 2008 年 6 月结缘彭清一教授

彼时彼地，与彭清一教授同台演讲的喜悦与成就感，以及公益梦想的第一次实现，让成杰喜不自胜地向彭教授表达了自己少年时代的梦想——为家乡捐建一所希望小学。

彭教授深深地看了这个年轻人一眼，说了一番让成杰理性思考的话语："年轻人，有善心，殊为难得。然而，为善如筑台，自己没有基础，大爱从何谈起？"

成杰不由得开始反观自己的现状。如果继续在聚成工作，借由这个平台，继续做业界知名演说家，收入不愁，稳坐市场；但从职业发展来看，已经进入瓶颈期，最关键的是，这份收入对个人来说算是高薪，但和自己捐建希望小学的梦想所需却差之千里。

他再次想到了创业。唯有创业成功，才可以让他为自己的伟大梦想奠下基石。

多年以后，一位名叫俞敏洪的企业家在清华大学发表演讲：

在中国社会，真正的新精英的定义是既能够自我成长，又同时能够帮助这个社会进步的人。

真正的精英，需要家国情怀。

许多人创业是为了所谓的自由——时间自由、财务自由、精神自由。

但是这一次成杰的创业初衷，却是早早给自己下了一道紧箍咒：用毕生的时间和精力来捐建 101 所希望小学，而当前最重要的是创业成功，为家乡捐建第一所希望小学。

《西游记》里孙悟空戴上的紧箍咒是师父给他的约束，遏制他的叛逆与恶念。而成杰给自己的紧箍咒却是以一份纯粹、美好的创业梦想，保持随时的自律、自省，不断提醒自己戒除人性中的贪、嗔、痴，战胜对未知世界的迷茫甚至恐惧。

所以很多年以后，成杰坦然地告诫更多年轻人：创业是人生最好的修行。

修行是善。善是一道光，让你外表清澈、内心明亮；善是一滴水，滴水穿石、涓流入海。

修行是苦。苦中看到倔强的自己，苦中体验百味人生，苦中让自己变得无坚不摧。

修行也是智慧。智慧中汲取能量，静观大千世界、开拓广阔人生。一场"跨越天山的爱"公益演讲，一段与彭清一教授的忘年之交，将成杰的梦想推上一个更接近伟大的高度。

之所以将公司命名为"巨海"，是因为成杰一直热爱大海、热爱"水"的力量。或涓流脉脉，或汹涌澎湃，或飞流千尺，或惊涛拍岸。它在行走中将生命述说，更在吞吐间容纳万物。

## 生如逆旅，一苇以航

2008年9月，成杰在众人的惊讶与惋惜中离开了聚成公司，开始了自己的创业之路。以聚成当年在中国教育培训行业的地位和影响力，人们很难想象，成杰会放弃高薪和如此优秀且成熟的平台去做一件冒险的事。

别人眼里的激流涉险却是成杰心中的另辟蹊径。

循着成杰年轻的生命历程，我们会发现一个异常清晰的性格特质——超强的自制力。

2008年，恰逢全球经济危机。在此经济环境中，很多企业力求自保，教育培训并非刚需，此时创业，绝非佳境。但此刻成杰心中已经深埋下一粒种子，他放弃自己最好的职场机遇和持续增长的收入，只愿回归初心。

少年时上学途中湍急浑浊的河水，"5·12"地震中被泥土掩埋的孩子，曾经为了父母不再辛劳无奈放弃上学的自己……这一幕幕画面总在成杰夜晚临睡前或者清晨醒来时闪现在眼前，提醒他未来要走的人生，以及将要面对的奋斗目标。

大多数人在遭遇过命运的不公、人间的磨难后，会默默承受，变成习惯；而有一些从困苦中得以翻身的人对过往及周遭会充满怨愤，甚至以恶制恶；但另有少数杰出而充满灵性的人，则会将苦难化作成长的动力，并以一颗悲悯之心去对待更多处于困境中的人。

2008年10月，5位创业伙伴，一间160平方米的办公室，上海巨海企业顾问管理有限公司就这么成立了。

凡心所向，素履所往；生如逆旅，一苇以航。

之所以将公司命名为"巨海"，是因为成杰一直热爱大海、热爱"水"的力量。或涓流脉脉，或汹涌澎湃，或飞流千尺，或惊涛拍岸。它在行走中将生命述说，更在吞吐间容纳万物。

水也如人，生来有着它自己的命运。被地形禁锢时，静默不语；一朝突围，一泻千里。

当然，在圣人眼里，水也是大智慧——"水能载舟，亦能覆舟""知者乐水，仁者乐山""上善若水，水善利万物而不争"。

彼时的成杰，作为一个26岁的创业者、演说家，资金薄弱、少有资源，但他内心富足、无所恐惧。他相信只要拥有大爱与大梦，点滴涓流，

成杰创办上海巨海企业管理顾问有限公司

汇集入海，终将巨海扬帆、大浪淘沙，成就生命与事业的浩瀚无边。

在寸土寸金的上海，一间 160 平方米的办公室对于巨海而言，已是一笔巨大的开支，加上公司刚刚成立，需要重新梳理和挖掘客户、打造属于自己的课程体系，好几个月，公司都是入不敷出。

许多优秀企业的创始人都有着不仅仅为赚钱而始的创业梦想，也大都经历过艰难的创业初期和环境。

1976 年 4 月，乔布斯和他的两个合伙人一同创业，他很豪爽地将自家的车库作为了当时的办公间，世界上最贵的"苹果"由此诞生。

1987 年，华为创办于深圳湾畔的两间简易房，后来搬到南油工业区的仓库。

1993 年 11 月，新东方在只有 10 平方米且漏风的建筑里开始办公，成立时只有俞敏洪和他的夫人共两位员工。

1998 年，谷歌公司创始人佩奇和布林在美国斯坦福大学的学生宿舍内共同开发了全新的在线搜索引擎，然后迅速传播给全球的信息搜索者。他们后来的第一间办公室是一间租来的车库。

同一年，腾讯最早的办公室是一间舞蹈室，还挂着 20 世纪 80 年代"迪斯科"风格的大灯球。

2000 年，李彦宏完成美国的学业之后怀揣 120 万美元回到北京，在北大资源宾馆租了两间房，开始了"百度生涯"。

所以成杰毫无疑问地相信，虽然创业旅程艰难，但比起若干年前推着自行车叫卖洗衣粉、于绵阳街头摆摊卖书被城管追逐的"创业"环境，160 平方米的创业空间足够装得下自己的壮志雄心。更何况，当年的成杰一无所有，而现在，他除了梦想还有个人品牌、专业技能以及一定的社会资源，并且还有几个志同道合的创业元老。

创业之初的成杰便已经有了宏伟蓝图，他对当时的几位创业元老分享了三个战略：将巨海打造成一家以"帮助企业成长、成就同仁梦想、为中国成为第一经济强国而努力奋斗"为使命的企业；十年磨一剑，三年成为华东地区培训行业的领跑者，五年成为中国培训行业的典范，十年成为中国最具正能量的教育培训机构；在巨海的发展过程中，要始终秉持一个慈善目标——捐建101所巨海希望小学。

十年前，也曾经有一些人觉得成杰的梦想不切实际，觉得他痴人说梦，最后与巨海渐行渐远。

有一些人则半信半疑，随着巨海的发展，逐渐坚定地和巨海汇集到一条通向大爱的河流。

但从巨海奠定发展目标的那一刻开始，毋庸置疑的是，总会有一些人不断被成杰的梦想感召，最终成为坚定不移的梦想合伙人。

从巨海创办伊始走到今天，市场环境、课程体系、企业蓝图都在发生一系列变化，但成杰始终坚持一个信念：寻找志同道合的人。

只有志同道合的人才能在苦难中怀揣梦想，在浊世中保持清醒。只有如此，才能望见乌云背后的太阳，怀着对崇高事业最虔诚的追逐，携手前行。

从某种意义上来讲，她和成杰其实是一类人，永远不甘守旧，永远保持热情。这种跳脱于现有生活的拓展能力和冒险精神，既让他们拥有了真正属于自己人生的主控权，更让他们有机会寻觅到自己的灵魂伴侣。

## 幸福的哲学

巨海创业前期，成杰和他的创业伙伴一起经历了最美好，也最艰难的奋斗过程。战友般的彼此托付，困境时的携手共进，失意后的宿醉，得意时的欢歌，至今回忆起来，都是一段让人斗志昂扬并且泪流满面的宝贵经历。

宫崎骏在《千与千寻》中写道："人生就是一列开往坟墓的列车，中途会有很多站，很难有人可以自始至终陪着你走完。当陪你的人要下车时，即使不舍也该心存感激，然后挥手道别。"

随着创业伙伴们各自人生轨迹的变化，他们一一下车，去往另一个方向，与巨海渐行渐远。

成杰其实是一个非常感性、念旧的人。多年后，某个曾经的伙伴事业不甚顺遂，成杰也曾再次抛出橄榄枝。

但在成杰的创业伙伴中，有一位女性，从2008年至今，与巨海一路相随。

闫敏——成杰的太太，巨海公司联合创始人、副总裁。

她人如其名，简洁、干练、聪慧、敏锐，和她一席深谈，你就会感觉到这个貌似恬淡的女子身上蕴藏着强大的觉醒力。

2001 年起，闫敏在一家生产制造型的家族企业工作，由于工作严谨、努力，一路做到总经理助理。后来公司开展内部培训，她渐渐开始了解教育培训行业。

两个人在聚成公司南京分公司的一个客户联谊会上相识并交换了名片。

但多年以后，两个人谈到当年对彼此最初的印象，原来都有一份仰慕之心。

在成杰眼里，闫敏举止得体优雅、相貌清秀恬静，年纪轻轻已经是甲方的总经理助理，而自己刚到南京不久，仅仅是一名讲师。即使年轻的心因为她的出现微微荡漾，也不敢轻举妄动。

而在闫敏看来，成杰是一个非常优秀的讲师，每次站在讲台上便似披了一身光芒。所以，内心只有敬重与仰慕。

2007 年，闫敏辞掉公司总经理助理的职务，去聚成公司上海分公司做了一名普通职员。她觉察到自己在当时的家族企业中已经遇到职业瓶颈，很难再有突破。同时，她一直梦想有自己热爱，并且可以为之奋斗一生的事业。而之前通过对聚成课程的学习，她对教育培训行业产生了浓厚的兴趣。

从某种意义上来讲，她和成杰其实是一类人，永远不甘守旧，永远保持热情。这种跳脱于现有生活的拓展能力和冒险精神，既让他们拥有了真正属于自己人生的主控权，更让他们有机会寻觅到自己的灵魂伴侣。

两个人在聚成公司上海分公司的电梯间再次相遇了。

在上海的重逢，令成杰振奋不已。过去的一年多时间里，他偶尔想起闫敏，就像想起春天的一抹新绿、夏天的一缕凉风、秋天的一轮明月，或者冬天里的一围炉火。那些朦胧的爱意让他在拼命工作之余，相信自己倔强的青春里尚有温柔。

再次遇到闫敏，爱情的驱使让他不由自主地想靠近。他把正准备出版的书稿《从优秀到卓越：不可思议的人生从这里开始》拿给闫敏，希望帮忙修订。闫敏一口答应下来。

一周后，书稿改好了，成杰却把交接书稿的地方定在了长宁公园。

看似无意，实则有心。

长宁公园的相约，让两个人真正走近对方。

也许爱情产生的荷尔蒙会随时间衰减，但是真正的爱情在多年之后回忆起来，仍然会让人兴奋不已。

所以，我在听他们分别回顾那段经历时，读懂的是彼此的倾慕与默契，也是彼此心存的感激。

闫敏总是提起恋爱时的一段经历。有一次她喉咙发炎，上课时说话很费力。成杰默默看在眼里，买了药让同事下课后给她。

在点滴的关怀背后，闫敏看到一个男人的温存与细心，而走近之后才发现，成杰远比工作中更加努力与自律。

闫敏相信，他可以给自己作为一个女人最想要的安全感。

和闫敏确定恋爱关系不久，成杰决定创业。当时的成杰已经在教育培训行业有了一定的影响力，并且年薪已在百万元以上。但闫敏懂成杰。在聚成，就算倾尽全力，成杰也只能成为一位"名师"，但创业可以打造自己的品牌，可以散发更大的能量去服务社会，去实现成杰捐建101所希望小学的梦想。

彼时的教育培训市场乱象横生，成杰和闫敏有着相同的目标：用自己的专业和专注，做到真正脚踏实地服务客户、让更多的人看到教育培训的曙光。

但是他们并没有想象过，创业初期的运营困难会纷至沓来，横亘在前往梦想的途中。

2009 年春节，好不容易用口袋里最后的钱给员工发完工资，成杰和闫敏连回西昌老家过春节的路费都没有了。两个人狠狠心，用信用卡刷了往返机票，回家探望成杰父母。

那时老家的房子还没有装修，记得上次回家，天花板上的泥土还"沙沙"地往床上掉。这次闫敏一抬头，发现成杰的父亲已经在天花板上钉了一张塑料布，整整齐齐，妥妥帖帖地撑起一方洁净的天地。

西昌人爱吃辣，而闫敏饮食清淡，每次吃饭父亲会准备两个清淡小菜。她爱吃鸡爪，炖了鸡汤，父亲还会用一个小碗把鸡爪装起来端到她面前。

父亲的这份关爱，闫敏暗自铭记。

闫敏注意到堂屋里 15 瓦的灯泡，在大凉山不够稳定的电流下愈发昏暗。闫敏听成杰说过父亲节俭，就给父亲说："爹，您看我们在外面做生意，人家说灯亮财旺呢！"

第二天，堂屋里的灯泡就被换到了 60 瓦。

而闫敏也正是用自己这份感恩与聪慧之心，化解了与成杰之间可能出现的冲突与矛盾。创业初期，两个人都是身兼数职。成杰管理公司、拓展业务、开发课程、担任讲师；而闫敏无论营销、会务、人事、财务、行政，也是事无巨细地承担。

这个世界上只有契合的灵魂，没有相同的思想。工作时常存在分歧，矛盾一触即发。

冲突造成感情不和，但闫敏没有像大多数女性一样用情绪左右行动，而是尝试更多沟通或妥协。随着巨海的发展，规章制度不断健全，人事机制逐渐稳定，她更加相信公司管理层的职业化才是企业壮大之路。

爱情和事业一起，越走越顺。

2011 年春节，两个人在成杰老家西昌办理了结婚登记。

如今，结婚 12 年，儿子 10 岁，事业高速发展、人生幸福美满。但今日你看到的闫敏，依然外表恬淡、衣着朴素、性格明朗、内心丰富。作为巨海公司副总裁，她总是背一个几百元的包包上下班、拜访客户。她说，包最初不就是拿来装东西的吗？她很明白，万物生长，不离初心。

从 2018 年开始，除了之前的公益计划，巨海在上海资助了50 名贫困大学生；2018 年，巨海在云南资助了 50 名贫困中小学生；2019 年，闫敏提出多增加 50 个资助名额，并且增加的费用由自己个人承担。

"同在蓝天下，共筑励志梦" 阳光助学启动仪式

闫敏对幸福的追求从来不是看得见的物质享受，而是余生不放弃对世界的关注与关爱，是希望看到越来越健康的教育培训环境，是成杰的健康、儿子的快乐，也是自己闲暇时读的一本史书，或者心血来潮时练习的一篇书法。

她说，女人需要的不是包，是对生命的觉悟。

真正的英雄主义精神，永远都不只是一种过去式的历史陈迹，不只是少数英豪的个人行为，而是与我们每一个人的生命涵养、人格提升息息相关的。只要人类还对自由、尊严、高贵的人生价值心存向往，英雄的心灵回响就不会断绝。

# 英雄主义：伟大心灵的回响

2018 年 12 月 29 日，在我和巨海几名高管从成都驱车前往西昌的路上，突逢大雪。漫天飞舞的雪花让我们这种南方人特别惊喜，但是接下来高速路封路的事实却让人猝不及防。

同车的有总裁助理小雅、巨海智慧书院学员傅奕皓，以及巨海首席讲师李玉琦。

·李玉琦·

天渐渐暗下来，路面已经结冰，在路边买了防滑链从乡道绕行，开了不到一公里，防滑链就断了。那天李玉琦穿一件红色的波司登羽绒服，冰天雪地、昏沉夜色里，他蹲在汽车轮胎旁仔细研究并不属于自己领域的事物，样子平静而笃定。如果说之前还有微微的恐惧与焦虑，但自此以后的数小时，我反而觉得这将成为我人生中一趟有趣而富有感染力的旅程。

在下雪之前，我和李玉琦聊过他此前的人生。

大学毕业，李玉琦进入一家园艺公司工作。每日与花草为伴，悠闲得不像个年轻人。内心对生活充满着憧憬的他，不希望自己像公司那些老员工一样，一张报、一杯茶就是一天，他也不想一眼就可以看到 10 年甚至 20 年后的自己。

2010 年年底，李玉琦因工作关系接触到巨海公司，身在局外的人，对教育培训行业心存疑虑，更何况从大学时代起，李玉琦就相信自己是个优秀的人，他并没有想过，巨海会改变自己的人生。

2011 年年初，他听到成杰第一场演讲。他看着这个比自己大不了几岁的演说家，听他讲起关于 101 所希望小学的梦想，从希望小学走出来的李玉琦突然觉得，自己过去的时间都是在虚度光阴，那些读书时的感恩与梦想竟然在一天一天没有变化的日子里消逝。

从一名园艺公司的技术人才成为巨海上海公司的一名销售员，连李玉琦也没有想过，自己哪里来的这么大的勇气。

薪资微薄、没有职位、毫无经验、人脉稀少，但他向往的是可以拥有像成杰那样一往无前的勇气，那份大爱之心。

初入巨海，他也会遇到很多和其他新人一样的境地。打了无数个电话，联系了所有他可以联系的资源，但是连续三个月，他一张门票都没有卖出去。

我已尽最大的努力，但是为什么没有成效？

精疲力竭的李玉琦深夜回家，却睡不着觉，不断地问着自己这个问题。

也许，在成功以前，就要坚定地相信自己是一名成功者。

他用不多的积蓄去买了一块之前看中的手表，1380元，比他在巨海的底薪还高。但他相信，自己很快能把这块表赚回来。仿佛有如神助，680元一张的"新商业领袖智慧"课程的门票，他一口气卖了好几张门票。李玉琦传递给客户的信息是：物质是有形的，而教育是无形的。自己一块表1000多元，而一堂可能让自己受益一生的课不过才680元。这种生动鲜明的价值观下，客户的接受程度大大提升。

第4个月，李玉琦成为巨海上海公司的销售冠军。

自此之后，梦想和自我觉醒力似乎为李玉琦插上了翅膀。2012年，他被调往成都分公司，陪伴和见证了秦以金101场公益演讲，也倾尽全力和成都分公司一起成长。2014年，他又前往巨海绵阳分公司奠定基业。他记得那一年的4—6月，自己效法成杰，在绵阳的园艺山进行101天演讲练习，为他成为首席讲师打下了坚实的基础。

现在，李玉琦已然是巨海的顶梁柱之一，在巨海快速成长与坚实基础的发展过程中都起到了关键作用。他希望，未来可以在家乡——安徽省无为县捐建一所巨海李玉琦希望小学。他说，成杰老师的梦想，就是他的梦想。

有时候我在想，是什么力量激励着看似瘦弱的李玉琦突破自己的舒适地带，打破自己的人生桎梏？我觉得不仅仅是巨海的使命感、成杰的影响力，这种力量还来自并不存在于大多数人身上的英雄主义。

古罗马时期希腊修辞学家朗吉弩斯在其名著《论崇高》中曾将这种人格培育喻为"伟大心灵的回响"，并认为，如果人一旦失去了这种对伟大心灵的感应、体悟，麻木、冷漠、猥琐就会接踵而至，人生必然因此阴暗卑下，与"自由"无缘。

真正的英雄主义精神，永远都不只是一种过去式的历史陈迹，不只是少数英豪的个人行为，而是与我们每一个人的生命涵养、人格提升息息相关的。只要人类还对自由、尊严、高贵的人生价值心存向往，英雄的心灵回响就不会断绝。

巨海的销售战将，大多有一个共性，就是牺牲精神。他们放下小我，将自己的青春和生命能量都交付给巨海，是因为他们都有着共同的梦想和价值观。

·何开举·

2009年8月，如今巨海公司的副总裁何开举也被巨海的使命感召唤而来。发出求职信前，他审视了巨海的三个标签：教育、新型企业、轻资产。这些符合一个刚刚毕业的大学生对职业发展的要求。但同时，因为有过支教的经验，他看过那些孩子茫然无助但对未知世界充满渴求的目光，他内心小小的火焰被巨海101所希望小学的梦想点燃。

何开举的第一个客户叫罗辉。之前已经拒绝过巨海其他销售人员的罗辉同样拒绝了他："对不起，我这两天要出差。"何开举并没有作罢，问他几时出差回来，然后在罗辉出差回来当天，通过再次邀约，成功实现了客户的成交。在人类的情感中，有人惦记，其实是一件温暖的体验。所以，为爱成交，让何开举创下39800元的销售业绩，也让他当月就拿到5000元的工资。

罗辉第二次来巨海上课的时候，送了何开举一条领带、两件衬衣。何开举当时穿的是一双30元的皮鞋，他觉得这份礼物带给他的不仅仅是昂贵的价格体验，更是一份客户的认同与尊重。

他将这份热情、细心、感恩、宏伟不断践行在此后的工作中。2010年5月，何开举被派往巨海杭州分公司。两年时间，何开举努力做一头拓荒牛，在杭州开垦出一片欣欣向荣的巨海疆土；2012年，被召到巨海宁夏分公司，一圈销售做下来，从一个口味固执的南方人，变成不折不扣的北方汉子。

未来，何开举会将自己的销售理念及这些年沉淀下来的优秀经验整合成一门系统课程，将公司管理授权他人，自己专心投入到课程研发、推广与研讨上。

十年来，巨海有越来越多的"李玉琦"和"何开举"怀揣理想、策马扬鞭，向他们心目中的理想进发。他们实现的不仅仅是个人与企业的价值，更是在改变中国教育培训市场环境，为社会提供一个正念利他的成长平台。

一个人的力量或许微不足道，一个时代的坚守或许寂寞无声，但是多年以后，所有人的付出终将绘出一幅恢宏壮丽的历史长卷。

## 携手并进的铺路人

一个人的力量或许微不足道，一个时代的坚守或许寂寞无声，但是多年以后，所有人的付出终将绘出一幅恢宏壮丽的历史长卷。

·刘科征·

在巨海，或许成杰就是城市蓝图最初的绘制者，他把企业的规划与社会责任、员工理想、国家未来紧紧相连，他希望用巨海作为平台，提高更多人的生命质量，提升整个教育培训行业的专业水平，也提升整个社会的道德底线。

在巨海宏伟的蓝图下，无数人和成杰一起默默耕耘、开疆拓土、谱写华章。

巨海华南分公司总经理刘科征是山西太原人，不到20岁就进了事业单位工作。但生活就是这样，许多人羡慕的稳定与舒适却可能是当事人的桎梏。在刘科征的人生规划里，勤奋更优于享乐，冲刺更强于漫步，坎坷更胜于平缓。

那时的刘科征，对教育培训行业的了解是不够清晰的。他只是带着对生命的一腔热情，误打误撞进了这个行业。他喜欢销售、喜欢用自己的力量与强大的命运抗争，他想证明靠自己的努力也可以创造属于自己的时代。而当时的聚成提供给他一个展示销售天赋与生命激情的平台。2007—2008 年，他作为聚成上海公司的营销总监和成杰搭档近两年。

当时聚成上海公司持续亏损，总经理换了一个又一个，销售人员缺乏好的产品，也缺乏强大的内在动力。但是成杰初到上海，凭借其执着的专业精神以及优质的课程，逆转了聚成上海公司的经营状况。刘科征与其他同事都感受到成杰身上的专注力以及对工作和生活的狂热，深受鼓舞。团队士气与营销业绩迅速崛起，在整个中国市场都颇有影响力。

刘科征随成杰一起拜访客户，一起执行研讨会，一起探讨与总结课程效果。随着课程深入与升级，研讨会获得空前的成功，而刘科征对成杰的敬重与了解也愈发深刻。在成杰身上，刘科征看到了什么是使命感，什么是"知行合一"。

但同时，刘科征对整个市场环境和氛围偶尔感到无力，他甚至觉得，或许以一己之力改变不了世界。大多数讲师呈现在台上的状态是慷慨激昂、正义凛然的，但刘科征在台下看到的他们，或萎靡或消极，把演讲当任务，没有自身成长的需求，完全担当不起他们在演讲中所提出的正面影响。

2008 年，刘科征不想在浮躁的市场环境下迷失自己，在他乡历练过近三年之后，他告别上海，回到老家太原创业。

凭借在一线城市的营销经验和奋斗精神，刘科征在太原的装修公司做得风生水起，每年几千万元的营业额让他成为一个表面风光，但生活陷于恶性循环的"闲人"。每天去装修的工地走一圈，晚上陪客户喝酒、唱歌。日子一天一天过去，有时候从酒精的麻痹中清醒过来的刘科征也会想，现在的自己除了财富叠加，似乎看不到值得书写的将来。潜意识里，他想做一个更加简单和纯粹的自己。

在遥远的上海，成杰从来没有忘记过他，没有忘记一起在上海的拼搏，也没有忘记刘科征当年的激情与奋进。2010年和2015年，巨海两次到山西开课，成杰都联系到刘科征，与他相聚叙旧。刘科征惊奇地看到，在自己离开那个浮躁、无章的教育培训行业后，成杰却依然坚守在教育培训行业，十年如一日，做着同一件事。

之后，成杰邀请他参加巨海7周年庆典，刘科征被近千人的会场震撼，更发现这个阶段的课程更是今非昔比，在实用性与成长性上已经有了质的飞跃，更加科学有序。刘科征想起多年前成杰对自己所言：立志改变中国教育培训行业的现状。

如果说之前接到成杰抛过来的橄榄枝尚有疑虑，那么彼时的刘科征无比坚定地相信，教育培训这个行业会重新点燃自己的生命。

2016年4月，对家人多番劝解的刘科征放下太原的装修公司，肩负成杰的委托与行业使命，又一次来到上海。在他到来之前，巨海已经绘好蓝图、蓄势待发。对于擅长攻克市场的刘科征而言，跟对人、做对事，让他对重新回到教育培训行业信心十足。

产品升级、渠道营销、品牌形象、领袖魅力、人才引进、团队管理……企业发展离不开林林总总的基础建设，这些元素就像巴黎凯旋门周围辐射的公路网，将巨海引向世界的四面八方，而巨海就像一道凯旋门，坚定不移地守护着企业初创时的梦想。

2016 年之前，巨海在全国的联合创始人有 70 余家，2016 年之后，在成杰的战略指导与巨海全国分公司总经理的共同努力下，销售团队连连告捷，一举签下全国上百家巨海联合创始人。

成杰有一次和刘科征聊天，说起"托付"一词。作为一个 8 年前就熟识并彼此认同的工作伙伴，成杰识人、辨人、信人、用人，对他委以重任、携手同行。所以，在巨海，刘科征终于寻到人要努力的理由。一群人、一辈子、一件事。这种有目的的奋斗、有温度的团队、有魅力的领袖，远远比一个人孤独地创业更加珍贵。

什么是托付？

托付是战友与战友之间的惺惺相惜，是生命里最值得珍藏的情谊，也是一个企业发展过程中作为领导者必须的放手。

所以，未来，刘科征将把工作重心放到客户服务上。他会走上讲台，将优秀的营销课程亲自分享给巨海全国上百位联合创始人。刘科征觉得，在为企业树立良好的价值观和正面形象之后，真正地帮助企业运营好，给企业员工更好的福利，他责无旁贷。

人生的路有好多条，刘科征只想踏踏实实做好一个铺路人。那些被岁月和成长夯实的土地，才载得起巨海十年不变的梦想、百年不衰的愿景。

第五章

# 人才制胜　团队为王

他们一直在与企业同舟共济，他们是与疾风骤浪奋力搏斗的水手，是岁月里默默无声的歌者，是巨海梦想最脚踏实地的践行者。

# 做一个"无用"的人

这是一个追求速度和效率的时代。无数年轻人在"996"的工作节奏里，奉献着智慧与青春，然后又在余下的生命里挥霍着金钱与健康。有时候他们走着走着也会茫然，不知道未来会去哪里，不记得当初是为了什么而出发。

成杰带领巨海在中国教育培训行业竖起一面大旗的时候，他除了希望继续在这块土地上耕耘、收获，更希望不断为这块土地赋能，为人们带来更加正面、更加积极的影响力。

创业前两年是巨海最艰难的时刻，每一步都异常艰辛，但成杰相信，上坡路就是通往成功的路。一家公司曾提出收购巨海的要求，成杰拒绝了。在创业伊始，他就做好了向死而生的准备。他感受着这份奋斗过程里的极致痛苦，期待有一天可以在自己的汗水和泪水里映照出极致的辉煌。

而这份辉煌并不属于成杰一个人，它属于团队、属于企业、属于行业，也属于社会。

所以，他选择扛着这份艰难继续前行，并且在行走中不断吸纳与自己价值观相同的人。也许是经历了创业初期时的人来人往、聚聚散散，成杰一面发掘人才，一面激发人才的内在驱动力，并且留给有意加入团队的人一段考察期，希望他们自己能够确定，加入巨海不是一时冲动，而是毕生的使命。

作为巨海金牌课程"打造商界特种部队"的主讲导师，秦以金用自己的热情与执着唤醒了无数企业中的战将，但他本人却是一个曾经营30余家美发机构的"优秀"企业家。

· 秦以金 ·

他曾经以为，企业做得好，有钱赚就是成功，以为自己已然立于人生巅峰。他开始沉溺于旁人的奉迎中，膨胀成一只内在空洞、毫无方向、目空一切的"气球"。

在秦以金的世界里，没有人愿意去戳破这个关于"成功"的谎言，不管他们出于利益也好、自私也罢，说些好听的话最是容易，然而他的亲人与真正的朋友却渐渐畏而远之。

也许潜意识里，他非常厌恶当下的自己，但他不知道从何改变，一股怨念反反复复在内心升腾、降落，把自己变成一个越发自我、粗暴、放肆的人。

2011年12月的最后两天，在杭州"新商业领袖智慧"的课堂上，秦以金有缘听到了成杰老师的演讲。当他看到那个才30岁的演说家用自己的梦想和执着点燃了全场时，突然感到惭愧。他发现过去的35年，他一直活在自我世界里。没有人告诉他，真正

的强大是历经生命的苦难，而不是虚张声势的外强中干；也没有人告诉他，人来到这个世界上，不能自私而粗糙地活着。

2011年12月31日，近午夜时分，辗转要到成杰电话的秦以金给他发了一个短信，表示要追随老师，成为一名超级演说家。

2012年的新年来临之际，秦以金收到了成杰的回信。其中有8个字：只要开始，永远不晚。

2012年1月1日，这是秦以金在浑浑噩噩的生命中第一次真正彻底地醒来。他开始早起、读书、锻炼，在杭州贴沙河边练习演讲，用学习与成长代替了吃饭、喝酒、唱歌这一系列让如今的自己觉得平庸而无趣的事。

除了自发式的成长，秦以金也一直向成杰提出拜师的愿望，都被成杰婉拒了。在成杰心里，一旦收了这个弟子，那可能就是一生的责任。他担心秦以金是一时兴起，便提出了希望他可以进行101场公益演讲的要求。

连成杰也没有想过，秦以金对于拜师竟然有如此坚定的决心。2012年6月25日，秦以金将日常衣物和生活用品载在越野车的后备箱里，买了一箱矿泉水、一箱方便面，从杭州独自前往成都，开始了101场公益演讲。

秦以金孤独地飞驰在前往理想的路上，用方便面和矿泉水满足着最简单的生理需要，但内心激扬、灵魂饱满、不知疲倦。天空很蓝，已经有些热辣的阳光透过车窗打在他的脸上，让秦以金相信，这就是生命的力量。

他喜欢这个在阳光下飞驰的自己，他憧憬着未来将在阳光下飞驰的美好人生。

2012年12月8日，巨海4周年庆典，成杰正式收秦以金为弟子，并且承诺用 1~2 年的时间将他培养成"打造商界特种部队"的主讲导师。成杰判断，在秦以金已然磨炼出上进与坚韧这些性格的同时，他的率性与勇气将会把这堂课带到新的高度。

事实上，不到半年的时间，秦以金携着这门课程在巨海这个平台上闪耀出无比灿烂的光芒。他的激情、力量、真诚以及敢于自我否定、自我批判的决心，让无数学员受教受益，并且一同成长为各个领域的精英战将。

两年后，秦以金被成杰提升为巨海公司副总裁。

去一个自己从未到过的城市讲课，但课程里设置的企业管理解答环节竟然让当地企业家感到像是量身定制，却少有人知道，这个看起来"孔武有力"的老师，上课前对当地的文化、经济、消费习惯都已经做了详尽的调查。因为在巨海，他早已经放下自我，学会了以客户体验为上，学会了以市场为大。

巨海给一家叫伴宇的服装企业做内训，踏踏实实做下来，竟然在 2017 年吸引了中国五百强企业波司登的关注。波司登执行总裁梅冬通过伴宇了解到巨海，便尝试做了一堂 300 人的高管课，成效显著，于是和巨海签了三年的战略合作，成为业界佳话。

做事精益求精，做人追求卓越。一切美好而不可思议的事都会发生。

如今，与秦以金相处，用"清风拂面"形容并不为过。他强大，但不再强悍；率性，但不再任性；圆融，但不会世故。他说聪明的人看重"有用"，但智慧的人却更看重"无用"。

他想在有生之年做"无用"之人，做"无用"之事。但这个"无用"，应是如王阳明一般，立志做圣人——立志行道，誓做圣人。

成杰与波司登董事长高德康合影

成杰与波司登执行总裁梅冬合影

成杰出席 2018 年波司登企业文化大训

成杰出席 2019 年波司登企业文化大训

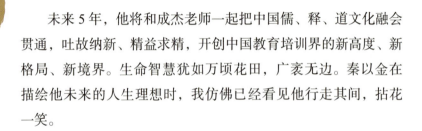

　　未来5年，他将和成杰老师一起把中国儒、释、道文化融会贯通，吐故纳新、精益求精，开创中国教育培训界的新高度、新格局、新境界。生命智慧犹如万顷花田，广袤无边。秦以金在描绘他未来的人生理想时，我仿佛已经看见他行走其间，拈花一笑。

不管是吴芳还是季丽珍，在描述她们自己的拼搏时，几乎都是一带而过。回首过去，她们看到的不是自己的付出，而是自己的成长。

## 遇见未知的自己

张德芬在其著作《遇见未知的自己》里写道："什么样的人最有魅力？我愈来愈觉得，答案就是，内心有力量的人。内心有力量即有内在力量，什么叫作'有内在力量'？就是遇到困难、碰上痛苦时，能够坦然与自己的负面情绪相处。困难大家都有，痛苦每个人也不缺，只要是人，这些都是不可避免的。但内在力量强大的人可以不受苦。"

· 吴芳 ·

我和吴芳谈话的时候，总是会想到"内在力量"这四个字。吴芳肤色白皙，玫红色的唇膏点缀出一份明亮与自信。她笑起来露出洁白的牙齿，就这么一直浅浅的笑，让身边的人整个都会陷到那份光亮里。

她是巨海的销售精英，也是同事与客户眼中的"微笑天使"。销售其实是一个见证人际关系从无到有、从低处攀登到高处、从冰点上升到沸点的过程。打消客户的疑虑，加深彼此的了解，而第一印象决定了客户对你的认同感。

不论是打电话或者陌生拜访，吴芳脸上都带着盈盈的笑意。那种从心底长出的自信、对生活美好的期待、对工作充沛的热情，通过这份笑意，满满地传达给客户，也传达给自己。

除了微笑，这个"90后"姑娘更用了百倍的坚持与努力。每次遇到挫折与拒绝时，她都会用《羊皮卷》里的话激励自己：坚持不懈，直到成功。

2013年加入巨海，2014年开始带团队，个人创下了不菲的销售业绩。2015年，连驾照都没有考取的吴芳给自己购买了一辆奥迪汽车，春节时让上海的亲戚一起开车回到福建南平老家。

刚刚到巨海工作的时候，家里所有人都表示不理解。习惯了渔牧、农耕、小买卖的老家，想象不到教育培训到底是一个怎样的行业，会给生活带来怎样的改变。他们只知道教育不能当饭吃，但是当吴芳满面笑容地从白色的奥迪车上下来时，惊动了整个村的人。

对吴芳而言，这不是虚荣的炫耀，而是对一直以来对自己的工作心存忐忑的父母的慰藉，对周围那些指指点点的亲友无言的证明。她希望用事实告诉他们，自己的选择没有错，教育培训改变的不仅仅是一个人的生活状态，也是一个人的境界，更是一个国家和社会的未来。进入巨海6年，吴芳除了个人的飞速成长，也不断协同公司及团队开拓出如巨海南通分公司等市场，还一直致力于和公司一起打造出一支热爱销售、热爱企业，将教育培训当作终身使命的精英团队。

从让自己变得更好，到让团队变得更好，再到因巨海的存在让教育培训行业获得更多人的认可，吴芳觉得自己担得起这份使命感，因为巨海和成杰老师从一开始便让自己相信，总有一天，她就是那个站在金字塔尖的人。

吴芳没有想到的是，当自己第一次开车回老家福建南平的时候，吸引了另一个未来的巨海女将的默默关注。

作为吴芳的同乡，过去的季丽珍有着十足的优越感。她聪明、漂亮，当时在上海的一家美容机构做店长，工作悠闲、收入稳定，每天睡到自然醒，休息的时候和朋友吃饭、逛街、唱歌。在她的世界里，她曾经以为这就是最好的生活状态。

在这之前，季丽珍觉得自己才是老家最优秀的人。她没想到，一个曾经在自己眼里很普通的同龄人，工作不到两年，竟然给自己买了一辆奥迪车。

在季丽珍受到的家庭教育里，买车买房是结婚后婆家的事。吴芳一个女孩子，连驾照都还没有，就自己花钱买了一辆车，简直不可思议。她惊讶于吴芳的成长，也折服于她的魄力，她更想知道，在购车的背后，是什么力量给予看似平凡的吴芳如此强大的自信与动力。在老家和吴芳匆匆见了一面，了解到巨海这家公司，季丽珍暗自做了个决定——去巨海工作，改变自己的现状。

过完春节回到上海，她开始约吴芳见面。但是吴芳很忙，约了好几次都没约上。季丽珍也不气馁，三天两头打电话，终于吴芳让公司给了她一个面试的机会。

2016年2月，季丽珍加入了巨海。但是第一次早会，就让季丽珍开始怀疑自己是否可以适应这个工作环境。

她看见身边每个人都充满激情、能量满满，掌声震耳欲聋，可是当她抬起手来，却发现身体像灌了铅似的沉重。曾经优雅

的、爱漂亮的她，看到了自己的格格不入，却不知道，心灵的唤醒也需要身体与内在的双向激发。

但是季丽珍并没有放弃。她每天 6 点起床，强迫自己加入到团队里，去适应新的节奏、新的环境。她给自己设定了一个目标——成为吴芳那样的人。

她相信，吴芳在刚刚进入公司时肯定也经过了这样的历练。她把自己重新放到低处，从头开始观察吴芳以及其他优秀同事的一言一行，暗暗效仿、默默学习。

最初的目的可能还比较简单，天生好胜的她想赶上吴芳，找回差距。但在这个试图实现个人价值的过程中，对巨海的了解越多，就越喜欢这家公司，也越喜欢这个行业带给自己的变化。之前的工作，打交道的常常是赋闲在家里的阔太太们。她们到美容院的目的除了留驻容颜，还有找个不熟的人倾诉可能并不如她们的打扮那么光鲜的生活的目的。那时的季丽珍也并不反感，因为这就是她曾经向往的生活。

进入巨海后，公司的正向价值观彻底唤醒了季丽珍。她觉得过去的自己就像一个垃圾桶，被倾倒了太多的负面情绪和惰性思维方式，让她渐渐沉溺在看似安逸实则混浊的环境中不能醒来。

现在的季丽珍每天接纳的是如何通过自己的努力去改变自己、服务客户、回馈社会，也让自己因为这份工作获得他人真正的尊重。

她每天和身边人谈到更多的是企业经营、团队管理、产品优化，她喜欢自己职业化的装扮、标准化的工作，更喜欢自己现在的"脱俗"。

当生命重新被激活，工作便成了能量爆发的显示器。

2016年，季丽珍成为当年的门票销售冠军。

2017年，季丽珍被评为"孝道之星"，也是集团销售第二名。

2018年，季丽珍开始带领10个人的营销团队，并且也买了车。

不管是吴芳还是季丽珍，在描述她们自己的拼搏时，几乎都是一带而过。回首过去，她们看到的不是自己的付出，而是自己的成长。

所谓的成长，就是世界观不断崩塌又不断重建的过程。我们在不断地自我怀疑与自我否定里迈步前行，去摸索与探寻未知的世界。世界在我们每一次的好奇中一遍遍被打开，呈现出千变万化的美，让我们终于可以遇见更好的自己。

她把自己之前像太阳一般爆发的热量，渐渐转换成月亮一样的温柔与明媚。她开始肩负一个使命——完善巨海的青少年教育体系，为有志成为未来卓越领袖和小小演说家的少年提供专业、系统的课程。用成杰老师的演讲智慧与奋斗精神培养出更多胸怀理想、具有家国情怀的中国少年。

# 女子力

　　有段时间我刚刚离开职场，允许自己保持暂时的懈怠，觉得是对多年严谨自律的补偿。但当我看到巨海的很多女性同胞时，我突然明白，人生只有延长号，没有休止符。一个人对自己的要求和约束不会因为职业、年龄、生活环境而发生改变。之后我买了一年的线上口语课程，每天睡前让自己保持学习状态。成长不是终极目的，而是生命能量持续地增长，不断地加强。

　　巨海的女性让我看到的不仅仅是美好，还有"女子力"。2018 年，我曾在一次论坛上为嘉宾做过分享。拥有这种力量的女性，除了注重个人成长，关注美好的生活方式，对感兴趣的东西会认真研究，并且能够将时间和精力投入到有意义的事业中。当然，她们也注重外表，但不过于刻意，干净、明亮，既能照顾家庭，也要去开拓属于自己的广阔天地。

　　女人不但要长得漂亮，更要活得漂亮。年龄永远不是女人的边界，即使双鬓被风霜染白，即使皱纹爬上脸颊，也应该有学习的动力和生活的热情。

在巨海，聪明精进的女性并不是少数。她们从不受年龄、性别与空间的限制，和男性一样在事业上独立自主、掌控未来。

比如文熙，大学时是学生会副主席和辩论会主席。上学时，她在成都听过两场巨海的课程，并且在课程结束后的演讲比赛中获得了二等奖。之后她去康定支教，请成杰赞助，成杰很爽快地答应了。后来文熙支教的这所学校也成了巨海捐建的希望小学之一。文熙还雀跃着告诉我，之后她才知道，2012年曾经去大凉山支教的一个学校，后来也被捐建成巨海希望小学。

也许，冥冥中有一种力量，让文熙走上教育培训之路，也让文熙真正走近巨海，读懂这家企业的伟大梦想。

文熙这些无意中表现出来的优秀潜质和善良品格，被成杰默默地看在眼里。在公司的持续发展中，需要更多像文熙这样年轻、务实、有激情、有理想的年轻人加入。

2013年，文熙到巨海上海公司实习了一个月。她参加了公司的成长突击队，每天7点到公司，用勤奋、积极、严谨、自律替代了大学时期的散漫与惰性。

当然，巨海也让文熙看到，这家公司是有目标的。这份目标不仅仅来自营销团队每天要打的电话、每个月要完成的业绩，还有巨海协助员工实现的人生价值以及用捐建101所希望小学这个梦想为初衷构建的企业蓝图。

2014年12月，毕业后的文熙正式加入巨海，成为成杰的助理。之前学设计的文熙也曾收到优衣库的邀请，但她最终放弃了这个看似专业对口的跨国企业。选择巨海，是因为她听到了自己内心的召唤，她相信这是一家可以给自己的成长带来内在驱动力的公司。

在巨海工作仅仅一年，连文熙自己都能感觉到自己巨大的变化。高频次的出差、高强度的商务对接、高精准的工作环节，这些对于一个新员工来说近乎苛刻的工作内容，恰恰成就了文熙对凡事要求极致的职业水平。最令人感到不可思议的是，与同龄人相比，文熙觉得自己无论是眼界的开阔、觉悟的提升，还是格局的高度，都有了本质的超越。巨海提供给文熙的不仅仅是一份工作，更是一个宽阔的事业平台。

从网络部、设计部、影视部、官方微信管理、人力资源，一个个部门、一项项工作做下来，她已经从一名使命必达的执行者成为高屋建瓴的领袖型人才。

2014年，在一次研讨会上，400人的课程，还来了几十个孩子。

正值暑假，随父母来旁听的孩子们大多数都被课程吸引，对演讲表现出浓厚的兴趣。一些家长开始提出诉求，专门开设孩子的课程。因为之前没有专人负责这个项目，松散地组织过几次，效果极佳。

文熙刚刚成为一名母亲不久，她把自己之前像太阳一般爆发的热量渐渐转换成月亮一样的温柔与明媚。她开始肩负一个使命——完善巨海的青少年教育体系，为有志成为未来领袖和小小演说家的少年提供专业、系统的课程。用成杰老师的演讲智慧与奋斗精神培养出更多胸怀理想、具有家国情怀的中国少年。

这份使命感让她回归到大学时去山区给孩子支教的纯粹。她说，也许当她构建好巨海未来领袖商学院的宏图伟业后，会重新做回一名家庭教育教师。

那一刻我觉得，她眼睛里装着梦想的样子，真好看。

他们往往出现在繁华之前，落幕之后。他们倾尽全力搭建一个舞台最初的骨架，雕塑一个梦想最早的雏形。

---

# 灯光背后自带能量的人

在巨海，我听到最多的，除了觉醒，还有责任。这个世界上，并不是所有的人都有着一份传奇或者靓丽的人生。大多数的人过着平淡的生活，做着看似单调而重复的工作，隐于聚光灯的阴影之下，或者淹没在热烈的掌声背后。

他们往往出现在繁华之前，落幕之后。他们倾尽全力搭建一个舞台最初的骨架，或者雕塑一个梦想最早的雏形。

你可能很少看到他们，但是他们一直在与企业同舟共济，他们是与疾风骤浪奋力搏斗的水手，是岁月里默默无声的歌者，是巨海梦想最脚踏实地的践行者。

在巨海，有很多没有背负光环却自带能量的人。

每一次当成杰登上舞台时，几乎所有的人都将目光聚集在他身上。

但是很少有人想到，在灯光背后，巨海的助理团可能头一天也和成杰老师一样工作到深夜，而接下来的时间还必须跟完几天的课程，开不得半点小差。每一组灯光的明暗、每一段声音的起伏、每一排文字的呈现，都从人们看不到的音控区和舞台背后汩汩流出，让整个课程如行云流水，一气呵成。

事实上，在每个课程开始的半个月甚至一个月前，他们就必须全程跟进、定酒店、与区域合伙人对接学员、整理及修改课件、邀请和接待嘉宾……在一堂光彩夺目的明星课程背后，可能是他们连日来不眠不休、透支了体力与精力的无私奉献。

小雅，曾经的总裁助理，在巨海的几年里，她全身上下一直透着与她这个年龄不太契合的冷静与严肃。与其说是这份工作让她比同龄人更理性，还不如说是巨海的企业文化让她早早就明白了，自律是人生最完美的功课之一。

小雅来自四川大巴山的乡村。母亲在大山里待了一辈子，不希望自己的子女继续这贫瘠而庸常的人生。她告诉小雅，女人要独立，也要尽力精彩。

小雅毕业前在一家服装公司实习。整日游走于商场，眼睛和耳朵都浸染在鸡毛蒜皮和市井之声里，她觉得这不是自己想要的生活。

离开服装公司到巨海工作，小雅觉得自己的人生往前跨了一大步。以前工作的目的是赚钱，但是这一份工作让小雅相信，她有能力服务社会、帮助他人、享受到工作的快乐与成就，赚钱反而是自然而然的事情。

她每个月飞到很多城市，每天似乎都在路上，世界很大；见各种各样的人，和各个行业的人交谈，觉得世界很新鲜。

这就是她一直期待的工作，也是她一直想创造的生活，你看她在工作里严肃、冷静的表情，却很难想象到她年轻的"老"灵魂里熊熊燃烧的热情。

工作之余，小雅热爱旅行。旅行中的小雅，将平时隐藏在工作中的任性与情绪一一唤醒。想吃就吃，想睡就睡；开心就大笑，感动就流泪。她也不用做计划，只要心中有爱与美好，这世间哪一处都是惊喜。

30岁前，小雅愿意努力做好手上的每一件小事，看它生根、发芽，最后开成一朵明媚的花，去装点巨海这幢大厦里那些不起眼的角落。30 岁以后，小雅希望自己也能在巨海的平台上撑起一片天空。

和成杰老师在一起工作，除了有近乎严苛的要求，还有如沐春风的体贴。他让小雅更加清晰地看到自己的远方。和成杰老师相处的时间越长，小雅越发感到自己的能量在增强。他让自己也逐渐具备了责任与圆融，遇事不推诿，也不逞强。

小雅在很多人都意识不到的时间流动里，早早地梳理出生命的轨迹。一年，两年，三年，四年……每一年，她都惊喜地看到自己的变化。有了清晰的目标，烦琐的工作背后，每一步都走得笃定从容。

像小雅这样在舞台之下、灯光背后的巨海人有很多，他们拥有属于自己的光亮。他们不是绚烂的太阳，也不是妩媚的月亮。他们是浩瀚星河里一颗淡然而稳定的行星，只想在与巨海一路同行的历程中彼此相伴，携手同行。

或许，这些老一辈演说家从成杰身上又重新看到了年轻时的自己。那些跌跌撞撞、锲而不舍的少年理想，那些心怀江海、志存高远的鸿鹄之志，那些且败且战、誓不低头的英雄情怀，是他们人生数十年里都曾一一践行过的初心。

## 十年一剑，名师论道

巨海的发展速度令人称奇，在上海当时近千家的培训机构里，它迅速脱颖而出。

短短三年时间，从五个人的创业伙伴发展到上百人的精英团队；从一百多平方米的商住两用办公室迁至上千平方米的整层写字楼；从一家籍籍无名的小公司，到被行业赞誉的"培训界黑马"。

但是只有成杰知道，除了三年的创业史，他在教育培训行业这条路上已经走了近十年。这十年间，他见过太多仅仅想在这个池子里捞上几条鱼的人，也见过熬不住创业艰难最终挥手告别的背影。

但正如成杰在2011年11月接受中央人民广播电台《千里共良宵·听青音》时所言："人们往往会高估自己一年可以做到的事情，却往往低估十年可以完成的梦想。"

大多数人回顾往昔，十年时间如倏忽一梦，梦里花开花落终无踪迹；或者如一朵浮云，在天空中自由来去散漫无形。而成杰的十年，从第一次听到张广如老师的演讲之后，未来的岁月便成了一本厚重的日记，每一天都在刻骨铭心地书写。

每一天的成长都镌刻在行云流水的字里行间，流淌在青春激昂的血管中，也沉淀到越来越深邃的灵魂里。

从敲开一扇扇冰冷的门，拨出一个个陌生的电话，浪里淘沙般地找到精准客户开始，成杰初涉教育培训行业；从张广如老师关掉公司被遣散那一刻，成杰明白，通往成功的路上其实很孤独；从大学里做完第一场公益演讲，成杰在学生们的掌声里重获力量；从西昌、绵阳，再一路走到南京、上海……

那些看似艰难实则积蓄能量的过往，那些富有激情并且目标准确的青春，被成杰一一记录在这本"日记"里，多年后，成了他的骄傲、他的智慧以及一笔巨大的财富。

在成杰的这本"日记"里，我还读到了两个字——忠诚。

他忠诚于自己的选择。在他决定走上教育培训之路的那一刻，便没有任何人、任何事可以改变。

他忠诚于自己的等待。无论创业的前景多么晦暗，无论多少曾经志同道合的人最终离散，他始终相信未来。

他也忠诚于自己的使命。让巨海成为中国最具正能量的教育培训机构，用学习影响和改变更多企业、更多人的命运。

唯有忠诚，才能让我们不悖初心；唯有忠诚，才是我们在生命旅程中抵抗诱惑和命运阻挠的法器。

创业三年来，面对中国经济发展的转型，他明白过去的经验已经不能解决企业今天所遇到的问题。因此，成杰联合国内知名大师研发了一系列颇受欢迎的经典课程：包括总裁领导力的系列课程"总裁三项修炼"、演说系列课程"总裁演说智慧""总裁演说大师班"、团队系列课程"打造商界特种部队""做最好的执行者"……这些课程设计体系由浅入深，针对企业不同阶段的问题，找到最好的切入点，提升受训企业业绩。此外，公司策划出版了《从优秀到卓越：不可思议的人生从这里开始》《商道即人道》《谁是下一个演说家》《永不放弃》《做最好的执行者》《工作要有好心态》等一系列个人成功和企业发展类图书，深受广大读者青睐，多部图书成为年度畅销书。

2011年9月24日至26日，借由巨海公司成立三周年庆典，成杰邀请到三位著名演说家到场。他们分别是李燕杰教授、彭清一教授和刘吉教授。此外，更有其他演说界前辈与各界名人到场，为这场行业盛会增光添彩，卷起中国演说界风云。

李燕杰，被誉为真善美的传道士、教育艺术家、铸魂之师、青年的良师益友。

彭清一，一个55岁时因伤退役的舞台艺术家，在余生开始用激情与生命呼唤正义、抵制人性之恶。

刘吉，中国演讲与口才协会会长，被社会各界誉为"著名的思想教育艺术家和理论家"。

他们都是演讲界的泰斗，是教育界鲜明的旗帜，也是成杰发自肺腑尊重与敬畏的良师益友。

成杰可以与三位大演说家同台论道，既是他们对巨海三年发展史向上向善，在行业中的正面影响力的首肯，更是他们对这个比他们年轻数十岁的晚辈的认可与重视。作为"80后"演说家，成杰呈现出来的不仅仅是他铿锵、稳健、诚恳、激昂的专业演讲水平，更是自入行以来，从未偏离的赤子之心。

或许，这些老一辈演说家从成杰身上又重新看到了年轻时的自己。那些跌跌撞撞、锲而不舍的少年理想，那些心怀江海、志存高远的鸿鹄之志，那些且败且战、誓不低头的英雄情怀，是他们人生数十年里都曾一一践行过的初心。

为了中国青少年素质教育，他们付出了一生的时间与精力。如今看到有成杰这样刚满 30 岁就已经在演说界获得盛誉，并不断为社会践行公益之举的青年企业家，他们由衷喜悦，并对成杰策划的这次名师同台论道倍感重视。

几位老前辈竭尽毕生所学与所长，为近千名与会嘉宾激扬文字、挥斥方遒，为在经济浪潮中沉浮的企业家敲响警钟，提示大家恪守道德、坚守梦想。作为"80 后"演说家，成杰主讲了巨海的经典课程"为爱成交"，诠释了在商业社会如何用真诚与爱去服务企业，帮助客户成就自我。

只有打造多方共赢的商业目的，建立为爱成交的道德体系，教育培训才能真正地创造正面价值。

近千名企业家和彭清一教授在会场群力诵读，震撼人心：一个人没有激情和热情是很难成功的，激情和热情是什么？就是一个人对工作、学习和生活高度负责任的体现。

就商业价值而言，巨海第一次在国内呈现如此宏大的演说家阵容，而成杰作为巨海公司创始人，可以邀请到几大名师同台演说这一行为，令行业再次震惊。这次活动提高了巨海的品牌形象，也为客户提供了高品质的增值服务，让客户感受到无法用价值衡量的荣耀感。

这次名师同台论道是巨海公司创业三周年的发力，也是成杰用这些充满激情与能量的演说为巨海的未来赋能，并且向十年来一直在教育培训之路上砥砺前行的自己致敬。

历史会证明，唯有一个相信自己并忠诚于自己的人，才配得起"使命"二字。

在成功与乔·吉拉德同台之前，成杰已经开始研究国外商业环境与文化和中国市场的影响与联系。哪怕我们有着不一样的发色、肤色、瞳孔的颜色，但我们可以拥有同样的改变命运、改变世界的勇气与恒心。

## 跨国情缘，以梦为马

　　2017 年，成杰收到来自大洋彼岸的一封信。

　　信中写道："从 2015 年一起携手，我们一起度过了不可思议的三年。语言已经很难表达我对你出色主办活动的感激之情。我的课程在中国如此成功归功于优秀的巨海公司小伙伴们。随着我对你的深入了解，很明确你是我所知道的最杰出的演说家之一。很少有人能像你这样，集演说家、领袖、成功的企业家于一身。"

　　写这封信的人叫汤姆·霍普金斯，被誉为世界第一销售训练大师。在信中，他称成杰为挚友，邀请他前往美国亚利桑那州的家中做客，并希望引荐美国的企业家朋友与其相识相交。

　　而这份情谊要追溯至 2015 年 11 月 13 日，一场 2000 人的盛会。在巨海主办的"亿万成交系统·国际研讨会"上，作为主要演讲嘉宾，汤姆·霍普金斯第一次将自己卓越的人生和巅峰的销售力呈现在巨海的舞台之上。

成杰邀请世界销售训练名师汤姆·霍普金斯同台演讲

　　作为销售冠军的缔造者，汤姆·霍普金斯有着与成杰类似的奋斗经历。50多年前，他从大学辍学，以在建筑工地扛钢筋为生。但是他始终相信凭借自己的努力，会获得更好的生活。他成为一名销售员，并尝试改变自己。

　　前6个月，他屡遭败绩，穷困潦倒，但是他没有退出，认为是自己的方法有问题。他做了一个重要的决定，就是把最后的积蓄投资到世界第一激励大师金克拉的培训班。

　　谁也没有想到，短短5天的培训成为他生命的转折点。此后的岁月中，他潜心学习，钻研心理学、公关学、市场学等理论，结合现代推销技巧，在短暂的时间里获得了惊人的成功。

　　他致力于成为一名导师，帮助初出茅庐的销售员迅速找到销售的真谛，创造出更多的销售神话。

　　通过这次研讨会，汤姆·霍普金斯看到了巨海人对学习的热情，更见证了巨海在中国培训市场超高的品牌价值和影响力。他将毕生所学结合巨海富有中国特色的营销战略和商业模式，在巨海这个平台上散发出连他自己都感到不可思议的光芒。

其实早在 2012 年，巨海已经放眼国际，广发英雄帖，邀请国际大师为巨海的课程添砖加瓦，和中国教育培训行业共铸辉煌。

2012 年 4 月 12 日，成杰与"世界上最伟大的销售员"乔·吉拉德在上海同济大学同台演说，一起为 3000 名听众分享十大销售秘诀。

乔·吉拉德在 35 岁前的岁月里，颠沛流离、负债累累。为了生存，口吃的他选择做一名汽车销售，短短 3 年内，竟以卖出 1425 辆汽车的成绩打破了汽车销售的吉尼斯世界纪录。

在此后 12 年的销售生涯里，他总共卖出 13001 辆汽车。

他成为全球单日、单月、单年度以及销售汽车总量的保持者，他所缔造的纪录至今无人打破。作为出生于底特律破败贫民窟的穷孩子，他与亨利·福特、本田宗一郎、恩佐·法拉利等汽车行业的先驱与灵魂人物一起跻身"汽车名人堂"。

在成功与乔·吉拉德同台之前，成杰已经开始研究国外商业环境与文化和中国市场的影响与联系。哪怕我们有着不一样的发色、肤色、瞳孔的颜色，但我们可以拥有同样的改变命运、改变世界的勇气与恒心。同时，在巨海的企业精神里，五湖四海俱为家，涓涓细流终入海。

大智慧的源头，本该就是无条件地吸纳与包容。

此后，巨海不断向国际教育培训界的大师和精神领袖发出诚挚的邀请，请他们来到巨海这个富有正能量的舞台，分享他们的人生智慧与成功秘诀。

2013 年，在"引爆正能量·国际领袖峰会"上，巨海请来畅销书《心灵鸡汤》的作者，分享"成为亿万富翁的秘诀"。这位被称为全球五大演说家的马克·汉森先生还是一位伟大的慈善家。创造财富的同时，将分享与帮助也作为人生的一部分。他立志要帮助100万人成为亿万富翁，并让他们将收入的10%用来回馈社会。

*《心灵鸡汤》畅销书作者马克·汉森出席成杰老师《80后演说少帅》新书发布会*

而这些都与巨海的企业文化不谋而合。就像当初成杰立志要建101所希望小学的时候，很多人觉得遥遥无期，甚至以为是天方夜谭，直到当第1所、第2所、第3所……第18所落成的时候，他们才肯相信，只要坚守初心，再遥不可及的梦想都会逐一实现。

随着巨海联手国际大师的论坛越来越多，从2016年起，在总裁助理小雅的建议下，把之前以国际大师为主场的研讨会调整为以巨海课程为主力部分，国际大师则作为助力呈现。

以国际大师的励志为烘托，以中国国情和经济形势为指导，以巨海主力导师和精品课程为核心，为客户与学员提供了内外兼修、实战实效的学习环境与氛围。

2018 年 10 月，在巨海公司创立十周年之际，巨海与生命斗士尼克·胡哲携手开办"商业真经·国际研讨会"。尼克·胡哲于 1982 年出生于澳大利亚墨尔本，天生没有四肢，只有左侧臀部以下的位置有一个带着两个脚趾的小"脚"。读小学时，因身体残疾，他饱受同学的嘲笑和欺侮。他曾试图在家中的浴缸溺死自己，但没能成功。

但是如今，没有双臂，他已与数百万人拥抱；没有双脚，他已走遍全球 68 个国家，成为国际知名演说家、世界演说激励大师。

尼克·胡哲用残缺的身体、坚韧的内心和执着的信仰打动了数千名听众。

*成杰邀请世界励志演说家尼克·胡哲同台演讲*

2019 年，巨海公司加大与世界大师的合作力度，除了汤姆·霍普金斯、尼克·胡哲，还邀请了世界领导力大师约翰·麦克斯维尔，与成杰一起联袂主讲"商业真经·国际研讨会"。

*成杰邀请世界知名领导力专家约翰·麦克斯维尔同台演讲*

约翰·麦克斯维尔是全球最杰出的领导力问题解决专家，是深具活力的激励演讲家，出版了《领导力21法则》《领导力26法则》《麦克斯维尔成功法则》等80多本畅销书。他拥有40年领导经历，影响力遍及全球126个国家，他的课程让世界千千万万的企业家争相追捧。此次，巨海邀请到他来课程现场分享领导力，也让更多中国企业家获益匪浅。

随着多年与世界大师的合作，以及他们带给中国企业家的影响和帮助，更让成杰开始思考：未来，要把国际资源做成常态，为客户提供更多有营养、高效能的课程。同时，在与这些名师合作的过程中，成杰也有感于像汤姆·霍普金斯这样表里如一、纯粹而真挚的人身上的正面力量，希望不仅仅看重流量与商业价值，会更慎重于"名师"的选择。

就像成杰对汤姆·霍普金斯的评价：他是一个真正活成了大师的人。大师，不仅仅是聚光灯下的光芒四射、魅力无穷。在人们看不到的地方，他们仍然坚持做着那个最好的自己。温暖、善良、包容、低调，这些让人舒服的平实性格才是真正的大智慧。

这个世界上始终有一种力量，跨越千山万水，将相似的灵魂系在一起。为爱呐喊，为世界高歌，用一个生命唤醒另一个生命。巨海这艘大船载着人类的梦想，终将驶向他们想去的远方。

第六章 —————————————

# 因爱而生　为梦而行

慈善，不仅仅是给予、捐赠，还是一种基于心底的同情，更是一种来自灵魂的抚慰。授人以鱼，不如授人以渔。这样的爱，才会生生不息。

## 写给父亲的信：父亲的远行

父亲：

今天是儿童节，我却又离开了家。早上陪儿子一起玩他的儿童节礼物，将那个飞行器抛向空中，旋转出美好的角度，就像我们自由、独立，却不背离初心的人生轨迹。临别时儿子依依不舍搂住我不放的时候，我的心柔软得不像话。

我突然回忆起我去绵阳的时候，您为我送行的样子。您远远地站在汽车扬起的灰尘里向我挥手，看起来平静淡然。那时的我对外面的世界充满了狂热的向往，却从来不曾想过，您也会陷入孤独、思念以及莫名的恐慌。而那时您或许早已经确定，这个曾经被您搂在怀里、扛在肩上、背在背上的儿子，这一离家，便是无法预计归期的远行。

此后每一次回家，都像蜻蜓点水。家乡的日子太慢，慢到无事可做，慢到从日出伊始便等待夕阳西下。

我陪您去田里犁地，去山上拾柴，或者去县里赶集。您絮絮叨叨给我念起家长里短的时候，我有时候会心不在焉。多年以后，我想起那些短暂的和您交谈的时光，发现那才是最值得珍惜的幸福。

它是父母在儿子面前毫不掩饰的平凡，是积压了长久的孤独感之后愉悦的宣泄，也是父母真挚朴实、无欲无求的倾诉。

比起成就孩子的理想，父母自己的梦想就像压在陈年樟木箱子里的新衣服，等到多年后翻出来，早已经泛黄、过时，甚至已经破了几个虫洞，再也找不到穿一穿的冲动。

所以我常常跟巨海伙伴和巨海学员讲，哪怕陪父母聊上半小时天、亲手帮他们洗一洗脚，都是对他们一生最好的抚慰。

我记得您一直以来的梦想就是去北京，去天安门，去瞻仰领袖的荣光。

但儿子在外艰难打拼、您在家乡病痛缠身，一直想为您实现这个夙愿，却总是找不到合适的时机。2009 年 12 月，借着您到上海看病，我也终于能抽出时间陪您去一趟北京，终于可以让您亲身感受首都的坚定与亲近。

那时候您已经病得很厉害，走一步歇两步。我们去天安门的时候，车没法停过去，只能下车步行。我不顾您的反对将您背起来，直到那一刻，我才真正感受到疾病对您的摧残，让您不过半百的年纪却已经瘦骨嶙峋。

但纵使如此，那一段半个多小时的路程似乎极其漫长。除了坎坷的地面、把脸吹得生痛的寒风，我脑海里回想起小时候您背着我的种种画面。

涨水了，您背着我涉水过河；我病了，您背着我去县城求医；我累了，也会撒泼撒娇地爬到您背上……

您背着我一步一步走过童年、少年、青年，而我能背着您走向曾经的梦想。生命这样轮回，让我们即使有一天远离，也能听到彼此的呼吸、感受到彼此的温度。

按着家乡的传统，或许我该接过您的锄头或者修房子的工具，成为下一个在村里把田犁得像五线谱的人，或者把房子修满整个大凉山。

但这不是我的使命。我要做的，是修更多的希望小学，改变中国农村教育；是做好企业，服务好社会，成就更多有梦想的人。

就像那一刻，您站在天安门前泪流满面。您相信每个人生而平凡，但只有当他们背负了伟大的梦想，肩负了沉重的责任，并且用一生去践行才让生命更有意义。

所以，作为一个一生都待在农村的父亲，您从来没有阻止过儿子的远行。

父亲，这是您一生难得的远行，但当时的我从来没有想过，你很快又要远行，并且再也没有归来。

2019 年 6 月 1 日成杰于出差途中

我们常说生命就是一趟旅行，而成杰相信慈善是一场心灵的旅行。在这趟旅行中，慈善可以净化我们的心灵，也可以升华我们的灵魂。

# 101 所希望小学：心灵的旅行

有一个朋友跟我说，他会在近年走遍世界各地。他参加各个旅行团，去各个国家的著名景点打卡。所以他呈现在朋友圈里的，是一张张毫无差别的照片，以及从百度上复制的苍白的文字。

而我喜欢的旅行，是情感的互动、是生命的成长，也是心灵的回响。2019 年 4 月 3 日，我在成杰老师的邀请下，经过 5 小时的车程，从重庆到达城口，一起见证巨海第 12 所希望小学的捐建。

从 2008 年汶川地震之后，成杰便有了捐建 101 所希望小学的梦想。在巨海创立之初，他便把这个梦想作为企业发展目标。许多人质疑他只是用"慈善"来炒作，但成杰从未在意他人的目光，只是一心一意地经营公司，每天向着这个目标进一步，再进一步。

2010 年 7 月 14 日，离公司创立不到两年时间，巨海第 1 所希望小学在西昌兴胜乡成立了。此时，成杰离开老家西昌已经快10 年了，但他常常会想起多年前每每遇到上学途中那条小河暴涨不能上学，焦灼又无助的内心。

所以，在企业初具实力后，成杰不断去山区考察。在他眼中，那些破败的屋顶、残缺的桌椅尚不能遮风挡雨，又如何撑得起孩子的未来？

我在 2018 年曾经去贵州农村一个小学做过家访，5 组家庭，没有一个孩子的父母在身边。所以在中国，农村留守儿童缺少的不仅仅是物质，更是爱与教育。事实上，知识的汲取、老师的关爱、伙伴的嬉戏，对于山区孩子而言，都是当下最大的快乐。但是因为没有父母的陪伴与正确的引导，他们往往读不到初中就会辍学、打工，而女生就想着早一点嫁人，然后延续上一辈的生活。他们对世界的理解与向往是狭小的，局促到只有一片屋檐、一张床，甚至只是一碗热腾腾的白米饭。

成杰的童年虽然贫瘠，但是受到父母无条件的关爱与陪伴，更在自我的觉醒与学习中不断获得生命的能力。所以成杰深知，他需要捐建的不仅仅是一所学校的硬件设施，更是需要竭尽毕生精力，不断提供给孩子爱的能量。

巨海捐建学校、捐赠图书、捐助物质，给孩子们更多贴心的关怀，让他们有更多的信心坚持完成学业甚至爱上学习。成杰也会给孩子们上课，引导他们：小小的人，也可以拥有大大的梦想。事实上当他对孩子们施以帮助时，也成了孩子们心中的英雄：长大后，也要成为像成杰叔叔那样的人，去帮助更多的人。

在成杰的倡议下，更多的企业家参与到这项爱的巨大工程，除了和巨海一起为实现 101 所希望小学的梦想而努力，还对孩子们进行一对一助学，让更多留守儿童感受到家人般的关注与陪伴。

2013 年 11 月，巨海第 2 所以成杰命名的希望小学在西昌开元乡建成。这所学校因为地处山区深处，交通不便，物资运送耗时耗人，从达成意向到建成用了整整两年时间。

2013 年 11 月西昌巨海成杰希望小学剪彩仪式

在多次往返学校的行程中，成杰记得汽车行驶在悬崖上的颠簸与险峻，也记得徒步穿越山路、迈过烂泥沟的艰难与坎坷。

但是来自成杰内心最深刻的感动是每一次抵达时迎面而来的那一张张充满喜悦与期待的小脸；是被孩子亲手系上红领巾时的温暖；也是每每站立于新建成的学校操场，听中华人民共和国国歌奏起时，作为一名中国人心中的神圣与荣耀。

最初用自己的名字来命名巨海希望小学，并不是因为个人英雄主义。成杰是希望在巨海的企业文化下，以自己和其他企业家为先行者，在慈善的道路上扛起一面面鲜明的旗帜，并找到更多志同道合者。"成杰"二字，早已经不再是一个简单的名字，它代表着巨海的精神力量，代表着一份对生命的悲悯之心。

2016 年，成杰又以恩师李燕杰、彭清一为名分别捐建了两所巨海希望小学。

当 86 岁的彭清一教授拄着拐杖颤颤巍巍站在康定巨海彭清一希望小学时，他感念于成杰将"彭清一"这个名字作为巨海的精神，与慈善事业共同成长，老人内心翻涌、激情洋溢。

成杰将巨海在家乡西昌捐建的第 3 所希望小学以"李燕杰"为名，更是向李燕杰教授表达了"恩同父母"之意。当年已经 87 岁高龄的李燕杰教授因为年龄和身体状况以及路程等种种原因，没办法如期到达学校剪彩现场，但是他托成杰带去两幅书法，赠予学校和学生。

其中一幅是：学生是我师，我是学生友。

第二幅则是：智慧而淡定，仁爱而持重，勇决而从容，博识而谦恭。

李燕杰教授虽然未到场，但他用一生的智慧为师生们书写出美好的人生愿景。

所以，巨海以慈悲的力量、宏伟的格局以及深沉的家国情怀不断在企业经营路上奋勇前行，也不断影响更多的人去关爱这世界上太阳可能照不到的地方。

成杰常说，慈善不在于钱，而在于心。只要有心，我们看到的不仅仅是一所又一所学校的崛起，更是一个又一个孩子清晰的未来。

此后，康定市巨海周潇潞希望小学、康定市巨海赖星宇希望小学、泸州市巨海秦以金希望小学、抚州市巨海梦婷希望小学、眉山市巨海沈月芳希望小学、绵阳市巨海统帅希望小学、池州市巨海严华希望小学、重庆市巨海李小红希望小学等如雨后春笋般相继落成。

我人生的**梦想**
用毕生的时间和精力
来捐建101所希望小学

而每一所希望小学的建成，都说明巨海的发展又往前迈进了一步。成杰说，真正的大善，是将企业做大做强。唯有企业经营有序、目标长远才能给员工归属感，才能为国家和社会做更多有益的事。在捐建101所希望小学的梦想背后，将是巨海人更多踏踏实实的成长与奋斗。

我们常说生命就是一趟旅行，而成杰相信慈善是一场心灵的旅行。在这趟旅行中，慈善可以净化我们的心灵，也可以升华我们的灵魂。

坐大巴车去城口希望小学途中，同排的是一位叫林荫的年轻女企业家。当天巨海为她随机安排了一位助学的学生。返程中，这个自己也有两个孩子的母亲充满喜悦。她给我翻看手机里的照片："你看，我捐助的那个孩子穿的是粉红色衣服，我今天居然也穿了唯一一件粉红色衣服，你说是不是有缘？"

她还兴致勃勃地规划着暑假带孩子过来和她的"女儿"相处一段时间，在她的表述里，我感觉不到一丝"付出"，而是"得到"。

每次去希望小学的往返路程都非常漫长，路况不佳，也难免会有一些插曲。有一次遇到山洪，水淹至膝盖；有一次车行途中，突然从头顶上坠下一块巨石，正好落在车前方。

所以关于慈善，成杰从来不是把它当作一个口号，而是当作毕生的使命，并且不顾艰难甚至危险都要去完成。在每次完成一项使命的时候，他获得的是源源不断的内心丰盈与生命满足。他享受于自己的付出，并不吝于将这份付出的喜悦传播出去——将爱传出去，生命更精彩。

无数的人接收到这份爱的能量，并因此获得成长。

成杰一直激励员工，没有目标的物质追求是浮华与空虚，心存高远、胸中有爱的物质追求才让我们的生命更有质量、奋斗更有方向，而真正的公益，首先要让身边的人好起来，获得幸福。

---

## 让身边的人获得幸福

2019 年 6 月 18 日，巨海公司正式乔迁至上海嘉定华泰中心的企业独栋办公楼。

回望 2008 年创业之初，一间 160 平方米、每月租金 800 元的商住两用办公室，便是巨海的发源地。跌跌撞撞、跃跃欲试的青云之志；一番赤诚、满腔热血的家国理想；混沌初开，乾坤始奠的快意潇洒，在这间办公室被孕育，被孵化，被慢慢培育成一个健康、积极、充满活力与潜能的品牌。

但是创业艰难，到春节闫敏跟成杰回大凉山老家之前，将身上所有的钱给员工发了工资，却没钱买机票回家。但是成杰思念父母心切，两人一咬牙用信用卡刷了一万多元买了机票。

十年后闫敏说起这一段往事的时候，仍然不胜唏嘘："你说一万元放到现在，根本算不得什么，但当时真是一分钱急死英雄汉呀。"

最艰难的时候，有人提出收购巨海，但最终还是被成杰拒绝了。成杰相信这一次的创业和以往不同，无论是行业环境、个人品牌、专业水平都今非昔比，只需坚持创业的初心、前行的方向，一定会穿过一片险滩逆流，抵达应许之地。

所有艰难的过程，往往都是在走上坡路。

2009年，巨海迁到一间300平方米的办公室，业务开始好转，员工也从十几人增加到了30人。大家一边开拓市场一边升级课程，不断在行业里拼搏，也不断获得客户认可。又花了两年时间，公司搬进了1000平方米的办公室，也开始往集团化发展。

2014年，巨海成立第6年，迁入1500平方米的办公楼，团队人数、分（子）公司及联营公司数量日益增加，成杰仍不忘初心，参与捐建了7所巨海希望小学。2015年年底，上海成杰公益基金会成立。时代风起云涌，这些年来，一度被人诟病的中国教育培训行业里无数公司昙花一现、聚散无常，但巨海却一天一天稳步向前，永远保持激情与正念。

而这一年，成杰和闫敏还住在租的房子里。2011年，公司进入平稳时期，刚结婚不久的成杰和闫敏贷款买了人生第一套房，首付完成后，也几乎用完了两人所有的积蓄。

但在父亲土屋里长大的成杰知道，房子对家人而言意味着什么。陪着自己一起奋斗的闫敏，从来没有物质需求，她想要的是生命的绽放，是爱，是前进的方向与力量。但是成杰还是想给她一份安全感。在这套不大的房子里，成杰偶尔会想起已经过世的父亲，想起父亲修建的土屋，想起父亲倾其一生为家人遮风避雨的爱与力量。

2013年，儿子孝孝出生后，成杰的岳父岳母从老家到上海来帮忙照顾孩子，小房子实在住不下，一大家子人重新选择租房子住下来。一家人在一起，有足够的空间、有孩子、有爱、有彼此的支持与陪伴，安全感便已经固若金汤。2018年，成杰置换购买了更大的住房以后，才结束了租房子的生活。

成杰一直激励员工，没有目标的物质追求是浮华与空虚，心存高远、胸中有爱的物质追求才让我们的生命更有质量、奋斗更有方向，而真正的公益，首先要让身边的人好起来，获得幸福。

一年 365 天里，成杰有近 280 天都在出差。成杰陪伴儿子的时间有限，但是在家的时间，会陪着孩子和妻子好好吃一顿饭，听他讲讲学校里的趣事，和他一起读一本书。

工作中干练硬朗的闫敏说起成杰与儿子，也会将最柔软的地方毫不掩饰地暴露出来。她说儿子孝孝和小时候的成杰一样，个性鲜明，对自己的愿望也非常执着。有一次带他去玩乐高，路上他一定要去便利店，闫敏不想去，便告诉他那里面没什么东西。孝孝也不会像其他孩子那样撒娇耍泼，只是对闫敏晓之以理："想象不如真相，我们还是去看看吧。"竟让闫敏无言以对。

所以，对待这样的孩子，父母只需让他保持天性、自由生长，培养好的行为习惯，并且引导孩子学会帮助他人，做一个内心柔软的人。

2019 年儿童节，即将出差的成杰给儿子买了一个飞行器。在小区里带着他玩，看着他欢呼雀跃享受当下的样子，成杰明白真正的礼物是坚定不移的守望，是竭尽所能的陪伴，是毋庸置疑的"在一起"。

对于妻子闫敏，成杰充满感恩与珍惜。他说一路走来，有幸得到她的理解、支持、付出、陪伴，让自己后顾无忧。未来的时间，他觉得好好"计划"，一定可以调解工作与生活的矛盾，给妻子和儿子更多的时间。

对于"小家"，成杰担当的是责任与义务；对于"大家"，却是一份面对员工、客户、社会的责任，需要更大的胸怀与格局。

所以，一间房子，在"小家"是为了陪伴与彼此温暖；而在"大家"，撑起的却是一方广阔天地以及宏大的未来。

　　成杰说，房子就是"场"。你所看到的空间布局，其中具有一定性质的物质，能对并未直接接触的物体施加一种力。好的空间是能量的转换，是引力的伸展，是磁场的吸引。

　　无形中，它会影响人、改变人，甚至成就人。所以，巨海在发展，随着公司场地的变化，"场"也在不断扩大。成杰希望为巨海打造一个好的空间，好的"场"可以支持巨海走得更远，也能吸引更多气场相近的人。

上海巨海集团总部办公大楼

　　所以，上海巨海集团总部办公大楼采用了"场"的设计理念。这个"场"，对于员工而言，是凝聚，让大家工作时带着相同的使命感找到工作的快乐与激情；对于客户，是信任，开阔敞亮、有条不紊的办公氛围让人对合作充满期待，而员工振奋的精神更让人看到后继有力的未来；对于巨海本身，这个"场"是生活的审美，是思想的碰撞，是灵魂的升华，是学习的平台，也是修行的道场。

*出席巨海集团办公大楼乔迁仪式的企业家*

巨海总部大楼5楼有200多平方米的空中休闲花园，白色石子铺成赏心悦目的画面，绿色植物映衬着巨海人最好的时代。花间有径，径旁有溪，溪畔有亭，亭里是四季流转的光阴。

未来，巨海每年将在这里开设150～180期的课程，课程时长半天、一天、两天，将会让更多热爱学习、渴望成长的人凝聚到一起，一起精进，彼此赋能。

比起这栋新的办公楼，为妻子和儿子构建的小家似乎不值一提。但是从核心价值而言，他们承载的都是爱、梦想，以及人类的未来。

21年前，成杰揣着560元钱从大凉山的土屋里走出来的时候，他没有想到自己有一天终会撑起如此巨大的"房梁"；他在三伏天往租住的棚屋顶上泼凉水的时候，也没有想过自己终将实现读书、创业以及悟道的梦想。

　　但现在的他可以坚信不疑的是：只要心中有梦，一切皆有可能。

在巨海，无数员工被赋予爱的力量。而这份力量，其实来自成杰对爱的感知，在爱中的成长，进而解读"孝"字对于企业发展的意义。

## "孝"对于企业发展的意义

秦以金还记得 2018 年父亲过世前几天，自己出差时和父亲见的最后一面。

急着赶航班的秦以金匆匆地敲开卫生间的门，像平时一样和父亲告个别。父亲坐在马桶上，微微抬下眼睛，伸出手来向他挥一挥，什么话都没有说。

就在秦以金出差当天，父亲脑血栓发作，被家人紧急送到医院。等秦以金几天后回上海，父亲已经深度昏迷，靠输液和输氧维持生命。秦以金在床前默默陪了一夜，第二天早上，看着父亲被拔掉管子，离开这个世界。父亲过世仅两天，又是一趟出差，两场上千人的培训。遗憾、痛苦、愧疚、悲恸……所有的情绪堆砌到一起，秦以金差一点就在培训现场崩溃。但秦以金知道自己肩上的责任，最终用汗水代替泪水度过了这段痛失父爱的时光。

父亲过世后，秦以金开始蓄须。

人类的爱是需要仪式感的。也许秦以金错过了父亲最后的时间，但在秦以金这份庄重的纪念里，承载于"父亲"二字里的温厚、慈爱、成熟、担当……都慢慢生长进他的胡须里，陪伴他此后的人生。这份纪念，似有千钧力，也有绕指柔。

清明节的时候，秦以金在绵阳，他向着上海的方向插了三炷香，跪下磕了三个头。此后，父爱成为一种精神，鼓励、陪伴他一起奋斗。

在秦以金加入巨海之后，他发生了巨大的改变。他依然是众人眼里的明星、焦点，但无论台前台后闪现的却是温润之光；他身上拥有了坚强、奋斗、勇敢、执着这一类硬朗的特质，但却因爱与善良让内心分外柔软。

只有努力生活、不断寻找人生价值的人才会感恩生命、感恩父母。而我们的国家和社会，也正是因为各种爱的力量不断被推进，不断向前。

在巨海，无数员工被赋予爱的力量。而这份力量，其实来自成杰对爱的感知，在爱中的成长，进而解读"孝"字对于企业发展的意义。

成杰的父亲于 2011 年过世。在过去的 29 年里，他赋予了成杰在这个世界上最宝贵的一笔财富——父爱。

在无边的父爱里，成杰心胸开阔、志向高远；在慈祥的父爱里，成杰悲天悯人、内心柔软；在坚韧的父爱里，成杰忠诚自我、永不言弃。

父亲一生节俭，在成杰从家乡出来奋斗之前也从未走出过西昌老家。他这辈子最大的心愿，就是在有生之年能去一趟首都北京，亲身感受天安门的庄严与领袖的荣光。

2009 年 12 月，成杰带着重病在身的父亲从上海飞到北京，去实现父亲一生最大的梦想。

成杰与父亲合影于 2009 年

从停车的地方到毛主席纪念堂还需步行半小时，成杰用自己的后背托起虚弱的父亲，一步一步带他靠近生平夙愿。在北京彻骨的寒冬里，成杰冻得麻木的耳畔和脸颊感受到父亲鼻息的温热，他的眼睛有些湿润，心里也渐渐暖和起来。他想起多年以前，父亲就是这样一步步背着生病的自己去县城看病；或者背着他过河上学，自己却被河水湿透全身的情景。

成杰于 2009 年在天安门前背着父亲

当父亲终于站在毛主席纪念堂前，成杰第三次看见这个内心坚强的男人落下泪来。那一刻，这个一生纯朴平实的老人，怀揣对祖国、对领袖最崇高的敬意与感恩，也带着对儿子帮他完成夙愿的喜悦之心，将最真实细腻的情感暴露在成杰面前。

成杰的父亲在天安门前留影

一年后，父亲带着一身病痛、一世清贫离开人世。

我在听这段往事的时候，脑海里出现一组雕塑。那是陈列在泰国曼谷国家艺术中心的一组艺术品。一个健壮有力的男子怀里抱着一个"孩子"，待走近一看，却发现这个"孩子"有佝偻的身体、沧桑的面容。每个经过的人都会站在这组雕塑前面沉默良久。

这个时代大多数的人都在与生活较劲，与时间赛跑，却往往忽略了身后父母的衰老，和他们也许连自己都快遗忘的梦想。直到父母垂垂老去，将他们抱在怀里，或者背在背上的时候，感受到他们的温度，感知到他们即将离开这个世界，才能意识到"孝"为何物。又或者，很多人在年轻的时候，只是一味心安理得地享受父母的宠爱，从未想过，突然有一天，"子欲养，而亲不待"。

父亲过世以后，不到30岁的成杰，一面回顾父爱赋予自己的力量与智慧，一面开始重新解读和领悟"孝"的真正含义。

唐人王建在《短歌行》里写道："人初生，日初出。上山迟，下山疾。百年三万六千朝，夜里分将强半日。有歌有舞须早为，昨日健于今日时。人家见生男女好，不知男女催人老。短歌行，无乐声。"

成杰想告诉所有人，人生不过如日出日落、上山下山，不要让所有的"孝"都姗姗来迟，不要让所有的儿女在父母老去之后才追悔莫及。

从此巨海人在成杰的引领下开始提倡"孝"文化，每年回家为父母洗一次脚，小中见大，明白反哺之义、跪哺之恩。往往孩子们刚刚触到父母的脚，双方都已经泣不成声。习惯了付出的父母，哪怕这一点点的回报，都已经觉得百般珍贵。而只有当儿女们捧着那双走过大半人生、满是岁月伤痕的脚，才明白，父母真的老了。

此外，为了激励员工的工作热情，巨海"孝道之星"应运而生。巨海每年在上千名员工里，通过业绩评比和成长速度选拔出"孝道之星"，邀请他们的父母到上海旅游，并发放奖金、奖品。

不少员工的父母来自农村，而第一次出门就是去上海，去孩子的公司领奖。这份荣耀与体恤，比一切礼物都更让他们雀跃与欣慰。在左邻右舍羡慕的眼神里，他们乘坐飞机来到上海，接受孩子努力工作换来的回馈。

真正的父母之爱就是放飞儿女，让他们过上自己想要的生活，实现自己最初的梦想。而真正的儿女孝道就是感恩父母，让他们为儿女感到骄傲，也让家族获得荣耀。

小孝是陪伴，中孝是传承，大孝是超越。

2018 年 12 月 18 日至 21 日，在巨海十周年的庆典上，共有 80 多位"孝道之星"及他们的父母登上台，被鲜花与掌声簇拥。他们的皮肤大多被风霜磨砺得粗糙，他们的眼睛因见证了太多苦难而变得黯然，他们的身体从挺拔渐渐弯曲，但此刻，他们的嘴角都绽放出生命里最美的弧度。

庆典之后，"孝道之星"的父母们如约开启了三天两夜的"华东之旅"。而我相信这也将成为他们记忆里最美的旅行。

巨海十周年"孝道之星"

在慈善之路上行进多年，带着捐建 101 所希望小学的梦想不断前行。眼看着巨海捐建的希望小学在全国各地一所一所修起来，上海巨海成杰公益基金会也于 2015 年 12 月成立，但成杰心知，真正的慈善，除了去影响更多的生命、照亮更多的心灵，还需要真正关爱身边的人。

而这些和自己一起在创业路上奋力驰骋、立下汗马功劳的巨海战将，也将是他最重要的"慈善"事业。

有一种慈善是捐资助学，回馈社会；还有一种慈善是认真经营企业，给予员工和合作伙伴一个灵魂的栖息地和梦想的发源地。

点亮"孝道之星"，让更多的人学会从关爱身边人做起，从小事做起，去学习爱、去珍惜爱。而这些朴素动人的点滴之爱，比起那些将钞票高高垒起的虚妄与炫耀，才是真正的大善之举。

第七章

**不忘初心　砥砺前行**

　　要将人生当作一只可以永恒燃烧的火炬，高高举起，竭尽全力赋予它所有智慧与能量，让它光芒万丈，照亮大地，然后有一天，将它递到下一辈人手中。

# 写给父亲的信：父亲的存钱罐

父亲：

　　今天是我的生日，明天是父亲节，而您已经过世 8 年。

　　老家的土房子还留着，每次回家站在老房子的屋檐底下，有微风吹过，或者阳光打在我脸上的时候，我总是相信您还在我身边。

　　厨房里噼噼啪啪烧着柴火，飘来母亲炒菜的香气。我像小时候一样，蹲在门口啃着甘蔗，望向院门口。哪怕如今您不会再出现在我的视线里，但我想起当年那种焦灼与期待，就觉得所有人世间的美好都不及父母与子女的情感关联。

　　从 37 年前经由您与母亲来到这个世上，我便拥有了把握自己命运的权利。父子关系就是能量守恒定律最好的演示。当我试图跳脱贫穷与保守，去寻找更多人生可能性的时候，我的能量持续上升，愈发蓬勃有力；而当时的我并没有意识到，您的能量正在衰减。受过伤的身体不再挺拔，甚至连说一句话也会气喘吁吁。您那时唯一能做的是节俭，以及从来嘴上不说但心里沉甸甸的想念。

　　2011 年春节前，您感冒了。之前您的身体状态已经不太好，但您还是舍不得看病，只买了些药来吃，结果导致病情加重，引起肺部真菌感染。整个春节，您都待在医院里。我和闫敏回家，跟您说打算结婚，您如释重负的样子，我猜您那时候又在想抱孙子的事情了。

大年三十那天，我坐在您床边，陪您聊天聊到深夜。您往床边上挪一挪，示意我上来睡。病床很窄，但挤在您身边，想起以前天寒地冻的季节，您也会抱着我睡觉的时候，泪水悄悄渗出来。我听着您沉重的呼吸，心里默默祈祷：老天爷，让父亲多陪我们一些时间吧。

大年初七，您坚持要出院。我们吃完饭在院子里聊天，看着太阳一点点往下坠，我们都沉默了。打水给您洗完脚，又想起小时候您把我摁在大盆子里洗澡的样子。不知为什么，那天的回忆特别多，特别沉。

第二天一早，把您送到乡上输液，我和闫敏去领了结婚证，然后回到上海。那时公司刚刚成立三年，但千头万绪中，总会有一根线索突然指向您，牵动我的思绪。

有一天我突然感觉特别不舒服，觉得心里像被什么挤压着，喘不过气来。中午吃完饭，突然看到街上有人拿着花圈匆匆走过，仿佛又给了我不好的预感，那一瞬间我泪流满面。我订了当天飞往成都的机票，第二天又飞到西昌。果然，您的病情已经恶化，真菌已经感染到口腔，但是您坚持不让母亲通知我。我给您洗脸洗脚、喂八宝粥，看起来病情还算稳定。您看见我很开心，听见我第二天有课要离开，您舍不得，却不肯说。回到上海，心里也一直不宁静，想回家，又未成行。

那天母亲打来电话说您坚持要出院，可是病情令人担忧。我赶紧订了机票回家，您已经在靠输氧机维持了。

那天我陪您聊天，又聊到很多年以前的事。聊我小时候干的那些傻事，聊我离开家之后您的欢喜与想念。

您指一指房间角落，那里有个老木箱。我打开来，看到里面有个装蛋白粉的罐子。我数一数，里面装着 2 万元的现金、5 万元的存款。这么多年，我给您的钱，几乎全在里面。您笑笑说："我想做你最安全的后盾，谁知道你会走到今天。"

凌晨 4 点多，母亲大叫我，说您有些要离开的迹象。我走到院子里，在晨曦还未到来之前，向着天空跪下，祈祷用自己十年的时间再换您一年的生命。空气里全是悲伤的味道。寒冷、孤独、恐惧、绝望，我不敢想象，如果没有了您，世界会变成什么么样？

上午您想晒太阳，我说行，可是才把您抱到客厅，您就再次呼吸困难。

我说，要不过一会儿，等太阳再大一些吧。没待多久，您又要出来。9 点多，我们把电路板铺好，抱着您刚到堂屋门口，您就闭上了眼睛。

我从来没有想过死亡会离我这么近，我也从来没有想过您会这么快离开我。但是您就在我怀里离开了，您可以看我最后一眼，我觉得已经是老天对我这些年颠沛流离、不能陪伴您左右的宽恕与补偿。

我在您住的屋子里抱着那个"存钱罐"呆呆地坐了好久。那里面装的不是钱，是一个父亲对儿子离家闯荡十年的牵挂与思虑，是一个勤劳一世、节俭一生的老人无私的付出，也是我此生再没有机会弥补的遗憾。

但这就是您留给我的"财富"啊，它让我在逆境时无所畏惧，让我在顺境时心怀谦恭；它让我在未来的奋斗途中永远揣着千钧的父爱，却举重若轻。

您让我相信，无论世界如何改变，所有的伟大与智慧都可以一代一代被传承。

生命终将逝去，但我们都要努力为后人留下痕迹，它可以轻若鸿毛，也可以重若泰山。

今天是我的生日，明天就是父亲节。想起您，想起您的"存钱罐"。

2019 年 6 月 15 日成杰于上海家中

人生难得一位知己，更难得一位名师。成杰在恩师李燕杰和彭清一的胸襟里，读到的是严苛与谦逊，也是慈爱与包容。

## 永恒燃烧的火炬

在成杰心里，父亲就是自己人生的第一任导师。他引导自己恪守敬业，包容自己驰骋天地，并且教会自己敬天爱人。而在此之后，生命里也不断出现与父亲相类似的恩师，他们德高望重却虚怀若谷，功绩卓著仍心有乾坤。在成杰教育培训的学业与事业中，他们赋予他更多的自信与笃定。

一个人的智慧往往如一滴泉水，带着对世界的好奇、知识的渴望，一路往前去寻找生命中的一切可能。幸运时，它吸纳雨水，汇入溪流，融入江河，奔向大海。成杰觉得自己就是那滴幸运的泉水，因为有师恩的润泽与加持，没有被沙漠吞没、没有被太阳蒸发，也没有在人生的路口迷失。

2008 年 6 月 12 日，成杰在新疆为汶川地震灾后募捐的"川疆连心"慈善义讲舞台上，第一次遇到恩师彭清一。

一个年近八旬的老人，全身散发着热情与慈悲。而 26 岁的成杰也让彭清一教授看到了中国新一辈优秀演说家的希望。两人年龄相差半个多世纪，但无论是敬业精神、家国情怀还是对生命的态度都分外契合，就此结为忘年之交。

彭清一教授在中华人民共和国成立前曾经是一个流离失所、风餐露宿的孤儿。中华人民共和国成立后，他用自己对国家的热爱、苦难的咀嚼以及生命的感恩，全身心投入到舞蹈艺术中。36年的时光，他用生命赞美生命，用热情激发热情，用艺术推动艺术。他出访了36个国家，为祖国赢得两次金奖及多项荣誉。彭清一教授也曾因眼疾带病上妆，差点导致失明；而在55岁高龄已经退居二线时，仍为青年演员演示360度空中翻转，不慎摔倒在地，左腿粉碎性骨折，不得不挥泪告别舞台。

　　但上帝至此，也为他开启了另一扇窗户。

　　在受邀为中国政法大学研究生部做报告演出后，彭清一教授有感于800多名听众的热烈掌声与真挚情感，重新对自己未来的人生进行了梳理与规划，并找到了属于自己人生的新起点。

　　55岁，人生过半，但梦想未晚。此后，他将站在另一个舞台，用演讲的智慧来推动青年的上进。30余年来，他拖着病体奔走在祖国各地，演讲4000余场，被百所大学聘为兼职教授，获得无数荣誉。

　　走下舞台的彭清一教授用另一种方式重新登上舞台，舞动了自己的生命。

　　成杰与彭清一的结缘，无异于让自己的事业有了一个更高尚的目标，也有了为这个目标奋斗终身的激情与热情。同时，更让成杰坚定了创业的决心，让他具有更多的能量去完成捐建希望小学的梦想。此后两人的忘年之情延绵十余年，彼此扶持、映照、成长。

　　2019年，彭清一教授已满九旬，但仍身形矫健、精力旺盛。他个性爽朗、率真，也热爱生活，常常呼朋唤友，满堂欢声笑语。说他活得像个孩子，也不为过。

　　有一次成杰给他打电话问："师父您在哪儿啊？"

彭老回："我正准备出门，去东直门一趟。"

成杰又问："您坐车去啊？"

彭老："不用，我蹬电瓶车去。"

成杰："远不远啊？"

彭老："不远，也就8公里。"

成杰：……

是的，成杰此刻的心情我们可以一起感受一下。在彭清一教授身上，成杰感受到蓬勃的生命力与不懈的学习力，也催促他不断在创业路上寻找新的动能与方向。

而成杰的另一位恩师是著名演说家李燕杰教授，个性严谨、低调，也从不吝于将智慧传授世人。他既是一名优秀的演说家，也是一名伟大的教育家，还是我国第一位德育教授。

*成杰与李燕杰教授合影*

与许多老一辈人相似，李燕杰教授也是少年艰难、半世坎坷。年少时卖报纸、做小工、当学徒，勉强度日。因家境贫困不断辍学，又辗转上了无数所学校，但却从未丢掉过学习的热情以及对未来的向往。

生命的强大在于历经苦难。而这种对于苦难的相同理解，对生命理想的相同探寻，将成杰与李燕杰教授紧紧拴在一起。

成杰常常有感于李燕杰无畏的求知精神——远望方知风浪小，凌空乃觉海波平。

在李燕杰教授眼中，成杰如此年轻，却在行业中影响卓越。如此成功，却不惜小我。他喜欢这个后辈，更异常珍惜。

而这份珍惜不仅仅是呵护、支持，也常常是提醒和鞭笞。

成杰少年成名，听到更多的是赞誉和敬重，哪怕其中也不乏为获取利益的虚假之词，偶尔也颇有些自得。但他觉得自己在两位恩师面前总是被一眼看穿。人性里偶尔的漂浮和自满被他们狠狠敲打，然后被不留情面地抛在地上成为一地鸡毛。

从善如流，见贤思齐。人生难得一位知己，更难得一位名师。成杰在恩师李燕杰和彭清一的胸襟里，读到的是严苛与谦逊，也是慈爱与包容。

2016 年，成杰为恩师李燕杰和彭清一两位在中国教育培训行业贡献了大半个生命历程的老人分别捐建了两所希望小学。此后，在巨海 101 所希望小学的伟大目标里，有了两位恩师默默的凝视与祝福，无论是天上，抑或是人间。他们一早就清楚地知道，人的生命是有限的，但为国家、为社会、为人类无私的爱与奉献却是无限的。

2017 年 11 月，成杰在内蒙古讲课的前一天，师母打来电话，说李燕杰教授走了。那一瞬间，成杰的泪水顿时布满脸颊。挂了电话，他向北京方向跪下来，点滴师恩与友情都涌上心头。恩师走后，成杰每次去北京都会抽出时间去看望师母，拉着师母的

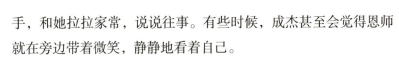

手，和她拉拉家常，说说往事。有些时候，成杰甚至会觉得恩师就在旁边带着微笑，静静地看着自己。

恩师李燕杰就这样默默地走了，但他却给成杰留下了一份沉重而无声的嘱托。它深深地浸透到成杰的血液里、骨髓里，浸透到成杰的生命与灵魂里。

它总是会提醒成杰，要做一个品格高尚、志存高远、谦卑谦逊的人；要身赋正能量，将自己所有的热情都投入到所热爱的演讲事业中；要将人生当作一只可以永恒燃烧的火炬，高高举起，竭尽全力赋予它所有智慧与能量，让它光芒万丈，照亮大地，然后有一天，将它传递到下一辈人手中。

"我是青年友，青年是我师。"

正如《师说》中所言："无贵无贱，无长无少，道之所存，师之所存也。"这句温和但有力量、慈祥却充满激励的话成为李燕杰教授的墓志铭，也将成为指导成杰一生的智慧。

教育不仅仅让一个人变得更智慧、更强大，也更善良、更正直。教育的核心就是为了让我们从内到外受到加持与洗礼，成为更好的自己。

---

# 我与我在一起

历史上，孔子所收弟子多达 3000 人，有得意门生 72 人。

其中如子贡，姓端木，善于雄辩，且有干济才，办事通达，还善于经商之道，为孔门弟子中首富，是把学和行结合得最好的一位。

颜回，以德行见称。勤奋好学，笃信孔子学说，并"闻一知十"，领会深刻。为人平易谦逊，沉默寡言，才智较少外露，在行动上努力实践孔子的理想，成为孔子最忠实、最得意的学生。

仲由，性格爽直率真，有勇力才艺，经常批评孔子。孔子了解其为人，评价很高，认为可备大臣之数，"千乘之国可使治其赋"，并说他使自己"恶言不闻于耳"。

最好的师徒关系并不是徒弟对老师一味奉迎、愚忠愚孝，而是将老师的智慧运用在生活的哲学之中，并得以提升。

教育不仅仅让一个人变得更智慧、更强大，也更善良、更正直。教育的核心就是为了让我们从内到外受到加持与洗礼，成为更好的自己。

从舞台上走下来，进入巨海智慧书院的成杰，脱下笔挺的西

服和一身光环，显得更加亲和与真实；成杰的课堂从室内走向室外，从宏观走向微观，让学员可以跟随着成杰的脚步，让不断探寻生命密码的灵魂触角指向生活的细枝末节，指向祖国的山山水水，指向世界各地。

由此，巨海智慧书院游学也应运而生。2014年8月，巨海智慧书院学员登顶峨眉，在金顶的日出与云海中感怀生命的宏大与向顶峰攀登的乐趣。

2015年8月，巨海智慧书院学员抵达新疆乌鲁木齐，在民族风情和古丝绸之路中探索人类文明与历史印记。

2016年10月，他们走进谷歌、星巴克、微软，透视世界五百强的用人观、价值观；走入斯坦福校园，感受莘莘学子的青春气息；走进NBA赛场，近距离为正面竞争呐喊、喝彩。

2017年3月，成杰携手全国各地优秀的企业家们相约蒙顶山，在世界茶文明的发祥地举一杯蒙顶茶，向一株株古茶树致敬。

2017年10月，巨海智慧书院学员飞到德国，除了在哥特式和巴洛克式建筑前叹为观止，更于宝马博物馆、百年奔驰以及库卡机器人有限公司学习德国人的匠心精神。

2018年4月，巨海智慧书院学员在成杰的带领下用8天时间穿越了两个古老的国家——尼泊尔和不丹，游历两国著名的山川名胜，于"最幸福国度"慢观风景，慢悟人生。

2019年3月，巨海智慧书院学员用一周时间领略日本风土人情，深度考察日本著名企业及零售产业的发展，学习先进的经营模式和品牌理念，探索日本长寿企业的秘诀。

2019年4月，巨海智慧书院学员同游四川省瓦屋山，开启为期一天半的智慧之旅，同门同修，同修同行，分享智慧、洗涤心灵、亲近自然……

2019 年 5 月 25 日，刚刚带领巨海智慧书院学员从澳大利亚游学归来的成杰写下致巨海智慧书院"家人"的一封信，除了提到游学的广度，也讲到课程的深度和未来的课程升级：

"六年多来，巨海智慧书院的课程不断丰富与进阶。从最初的一堂课，升级为今天的九大必修课。

从简单地学习公众演讲，到全面地提升综合能力。

从个人的成长到带领家人的成长、引领团队的成长、推动企业的发展。

从学习的热爱到事业的成功，从对生意的追求到对生活意义的探索，再至生命品质的彰显……

未来的岁月中，我们将继续完成对巨海智慧书院的升华和深造。"

正如成杰在 2016 年 1 月 5 日马尔代夫的智慧书院游学中，于碧海蓝天中感怀到"真我"与"自洽"的境界，并写下一首《我与我在一起》。

我与我在一起，是一次久违的重逢；

我与我在一起，是一种身、心、灵的合一；

我与我在一起，是一份期盼许久的向往；

我与我在一起，是生命自然的临在与觉察；

我与我在一起，是生命真实的存在与显现。

观照内心，与己共舞；以心为师，以身为道。所有体悟出来的人生智慧，如初升的太阳，一点一点地喷薄而出；而最深的师长情谊，都于携手共进的旅行中一步一步丈量而成。

我与我在一起。教育的最高境界，就是以心为师、以师为镜，我中有你、你中有我。

> 人类需要爱情，它带给我们对生活的美好憧憬，它让我们有一个短期的奋斗目标。但爱情与宏大的世界相比，终究不是全部。在我看来，真正的爱情需要的不是涕泪俱下、歇斯底里，而是同舟共济、生死相依。

## 最好的夫妻关系就 12 个字

人类需要爱情，它带给我们对生活的美好憧憬，它让我们有一个短期的奋斗目标。但爱情与宏大的世界相比，终究不是全部。在我看来，真正的爱情需要的不是涕泪俱下、歇斯底里，而是同舟共济、生死相依。

成杰与闫敏的婚姻成长，几乎与巨海的发展同步。成杰曾经说，夫妻双方哪一个停滞不前，都是对婚姻的背叛。成杰去国外进修或者游学，会尽可能地让闫敏同行，夫妻一起学习成长，顺便陪伴彼此，而不是单纯地游山玩水。由此巨海也专门开设了夫妻同修同行的课程。

单方面的学习，受益的可能是企业或者社会，但对家庭来说，反而是一种考验。这种考验对于拒绝成长的一方是极其残忍的，因为不是所有的人都有一份超强的内在驱动力。他们等待着被气场较强的一方唤醒或者引领。

所以，巨海继续推动着普度众生的伟大梦想，为许多企业家夫妻带来更和谐的家庭关系、更科学的亲子教育方式以及更积极的生命态度。

教育的终极目的是让人们更加敬畏生命，并且更加懂得如何真正爱自己。

我在巨海也见到一对"90后"夫妻，从他们身上，可以看到巨海10年，员工对事业、婚姻以及家庭的认知，明白巨海通过教育改变人的思维方式和生活方式，不仅仅是坐而论道，也是起而践行。

周辉是在2013年加入巨海的。这个至今仍带着浓浓书卷气的男生，那时还在江苏一家知名的国际物流公司管理着一个营业点，工作强度非常大，收入也很可观。但烦琐单调、周而复始的工作就像一个巨大的茧，牢牢把他捆住，除了每天像吐丝一样完成任务，他觉察不到一点生机与活力。

他明白作为社会的一员、公司的组成部分，自己的存在就像那只蚕，不断贡献着自己微不足道的力量。但是有时候深夜回家，极度疲倦的时候，周辉会清晰地看见未来的自己：终有一天，自己的能量与营养会——吐尽，他可能会永远蜷缩在一方狭小的世界里，变得像物流行业里的某些人一样，只知道苟延残喘、咒骂人生。

想出去透会儿气的周辉，选择了去杭州旅行。那次旅行的巨大收获是在回程的高铁站书店买到一本书——《从优秀到卓越：不可思议的人生从这里开始》。书上的"'80后'演说少帅"像一个来自外太空的谜，顿时吸引了在工作中闭塞已久的周辉。毕业后几乎再没有拿起过书本的周辉，在回程的高铁上一口气读完这本书，竟然觉得世界从此一派风清月明、豁然开朗。

生命应该如鹰击长空，而不该是井底之蛙。

那之后周辉果断找到巨海的招聘信息，并到公司面试。他连岗位都不曾问，在巨海工作，有机会和成杰老师一起学习和战斗

是他当下唯一的希冀。以他的资历和愿景，他很顺利地成为巨海副总裁助理，并以严谨的工作态度和积极的学习精神在第二年如愿成为成杰老师的助理。

就工作内容而言，工作量和工作范畴都是巨大的，他需要负责在线平台、目标管理、巨海商学院课程、巨海 App 以及企业品牌推广种种事宜。

就工作性质而言，周辉觉得现在的自己可以做专注的事，做简单的人。而成杰以他对事业的狂热、对梦想的执着、对员工的关怀，深深地打动着身边的每一个人。团队之间彼此信任、彼此支持，而不是像周辉过去的同事关系，争夺地盘、彼此防范。

周辉又拾起读书时候的纯粹与上进。每天阅读、持续学习，不断和行业中的人交流，不断发现生命中的更多可能。

在巨海，周辉明白了一件事：一个优秀的企业，不仅要提供给员工高昂的报酬，而且要提供给员工成长的空间与更多学习的机遇。过去，他只是简单地想做一个"好人"，而现在周辉觉得，做一个勇敢的人才是人生的意义。

当然，在巨海，周辉找到生命中另一个重要的组成部分——他的太太甘姣姣，她用自己的文字为巨海记录过无数美好的、激昂的、充满光亮的瞬间。

她的笔名叫三千墨：红尘三千墨，一字一成酌。她热爱流转在文字里的四季光阴，更愿意在生命中默默镌刻出属于自己的传奇。

从 2013 年因为一场《心灵鸡汤》作者马克·汉森的研讨会的采访报道，她了解并走近巨海，之后受到成杰邀请，成为巨海的一员。

几乎和周辉对工作的感知和需求一样，甘姣姣热爱新鲜、富有生命力的工作。与各行各业的人交流，采访企业家，和他们聊天，学习他们的经营智慧与生命哲学，从而让自己的内在也随工作变得更加丰盈。通过巨海的工作与成杰老师的支持，她踏踏实实地做自己喜欢的工作，写自己喜欢的文字，做着一个干净明亮的女子。

与其说周辉与甘姣姣是在工作中结下姻缘，不如说两个人都是带着对生活、对生命、对美好的极致追求，最终走到一起，有了家庭，有了孩子，也有了更坚定的梦想——未来，和巨海一起走下去。

受巨海文化的影响，周辉第一次给妈妈洗脚，下班时间尽量陪伴孩子和家人，和甘姣姣彼此谦让、彼此关怀。而甘姣姣承担着年轻妈妈的角色，也享受着努力工作与简单生活带来的愉悦。

有时候，回头看看，这些年自己在巨海的成长、改变，

· 周辉、甘姣姣一家三口 ·

以及超越大多数同龄人的睿智与担当，他们愈发相信，爱自己，是终生的学习；爱自己，才能知道怎样去爱他人。

有人说，最好的夫妻关系，无非就是 12 个字：彼此独立、相互扶持、共同成长。周辉和甘姣姣在巨海的平台上既服务了企业与社会，又成就了自己与家庭。而小家的幸福稳定同时支撑起企业的发展与社会的和谐。

而这才是爱情伟大的意义，也是巨海文化最生动、最美好的传承方式。

那一刻，傅奕皓开始相信，无论怀揣多么伟大的梦想，无论行遍万里河山，倘若自己没有找到一个正确的领路人，再闪闪发光的梦想，都会在现实的磕磕碰碰里黯然失色。

## 崛起的"90后"在巨海

成杰的巨海智慧书院学员大多是"70后""80后"，但傅奕皓是个例外，他是"90后"。

"90后"羽翼渐丰，曾经贴在他们身上诸如"另类""叛逆""非主流""张扬""偏激""啃老"这一系列标签，给过我们一些误读或者误判。事实上，每个年轻的勇士都颇想在属于他们的领域开创出不一样的天空，或者持一颗不安分的心去闯一闯未知的世界。不可否认，在中国，"90后"是锐意进取的一代，也撑起了中国新力量。

企业家期望企业发展、品牌升级、文化传承，会走进巨海。但傅奕皓相较于他们，只不过是微不足道的个体。彼时的傅奕皓经历了选学、择业、创业，反反复复地试水，等待有一天能跃出新的人生高度。

这个阶段突然停下来学习，对满怀创业激情、心性自由又苦中作乐的他而言，无异于天方夜谭。

但所幸，傅奕皓生长在一个既严苛又宽容的家庭，让他拥有可以为自己做出正确决定的丰厚土壤与温暖阳光。

严苛的，是家风。

17 岁的傅奕皓在路上行走，看见疾驰而过的宝马车里丢下一个易拉罐在空中划出优雅的弧线，然后狠狠地砸在马路上。傅奕皓气愤不已，上前捡起那个易拉罐，丢进垃圾桶，默念一句："祝你好运。"

　　每当遇到此情此景，傅奕皓都会在心中自省。

　　所以，17 岁的少年傅奕皓已有鸿鹄之志：通过自己的力量来改变世界，提高社会的道德水平。

　　宽容的，是教育。

　　傅奕皓的父亲是个医生，和妻子在老家义乌经营一家小诊所。悬壶济世的善意、宽厚平和的教育、小康富足的经济给了傅奕皓极自由的生长空间。

　　傅奕皓没有专业艺术基础，却任性地去考了艺术生。

　　傅奕皓以两分之差与心仪的艺术名校失之交臂，后来选了数字媒体专业，毕业后一帆风顺，却选择了艰难创业。

　　无论他做出哪种人生选择，父母除了语重心长地引导，从无粗暴干涉。

　　眼见儿子在创业路上磕磕绊绊，第二次创业也铩羽而归，内心担忧的母亲在听过一次成杰老师"商业真经"的课程之后，果断给傅奕皓报了巨海智慧书院，从此为傅奕皓与成杰结下师生缘。

　　起初尚不了解巨海课程的傅奕皓也像一些人一样，对教育培训充满了抵触。他觉得自己一个名校高材生，也有比他们更高的理想，怎么可能再去接受别人的教育。然而向来宽厚的母亲这一次却格外坚持："只要你参加这次学习，未来做什么决定，我都无条件支持。"

傅奕皓母子

母亲的坚决和自己对未来的迷茫，让傅奕皓决定听从母亲的安排。

从小优渥的生活条件和宽松的成长环境仿佛给予傅奕皓一种天然的自信，但这种自信其实在心理上为自己建立起一种防御机制，可能会错失一些与优秀事物联结的机会。

然而怀着"敷衍"与"怀疑"的态度去听了成杰老师不过 5 分钟的演讲，就打破了傅奕皓看似坚硬的壁垒。

面前这个不过三十出头的男子，在尚未成家立业的时候，便已经捐建了两所希望小学。

舞台上明亮的光束洒下来，笼罩在成杰老师身上，也让傅奕皓心底清澈透亮，好像回到了 17 岁那年，自己拾起那个易拉罐，然后决定未来用"道德"改变世界的时刻。

仿佛一瞬间，少年的梦想就在成杰老师所站的千人舞台下被点燃。那一刻傅奕皓开始相信，无论怀揣多么伟大的梦想，无论行遍万里河山，倘若自己没有找到一个正确的领路人，再闪闪发光的梦想，都会在现实的磕磕碰碰里黯然失色。

2018 年 7 月 12 日，傅奕皓放下之前种种，全身心投入到巨海的学习中。

8 天之后，在"商业真经"的课程现场，成杰老师第一次招募巨海智慧书院学员。

不菲的学费，对许多企业家而言不值一提，但对于傅奕皓这样的小康之家，绝对算一笔巨款。

傅奕皓没有多想，疾步迈上舞台，成为成杰老师的巨海智慧书院学员。母亲送他来上课时的话却犹在耳边："与其将财富给你，不如给你创造财富的能力。"

有人说，教育培训就是"打鸡血"，可倘若你心中没有梦想，你的人生没有目标，再熠熠生辉的语言，你也置若罔闻。对于胸怀大志的人而言，巨海的"鸡血"是一种赋能——赋予你日日精进的恒心，赋予你发掘潜能的勇气。

但被赋予勇气的傅奕皓一时凑不到这么多现金，所以他又做了一个决定——卖掉心爱的路虎车。

年轻的男孩子大多有一个仗剑天涯、策马江湖的梦想，而现代都市，拥有一辆四驱全地形的越野车会令许多小伙伴羡慕不已。当时卖掉还崭新无比的越野车，傅奕皓却无丝毫不舍。塞缪尔·巴特勒曾说："无知的真正特点是虚荣、骄矜和傲慢。"

当傅奕皓放下虚荣心的那一刻，他开始真正以一颗坦荡、谦卑的心去拥抱智慧。

时光会雕琢人，而学习也会。

不过半年时间，傅奕皓一改之前的随性与偶尔的散漫。每天早上 5 点半起来看书，每天坚持阅读两个小时、运动半个小时以上。不玩游戏、不刷抖音，把自己置身于巨海纯粹、干净又充满动能的学习与生活中。

遇到身边亲友的质疑，傅奕皓想起当时的自己，更加坚定：没有越过迷雾，如何看到星空的浩瀚。

但傅奕皓最大的改变是人生终于有了方向。他把之前看似缥缈的梦想具象成未来十年的奋斗目标。

如果之前的少年傅奕皓徒有一腔热血和书生意气，那么如今的他，将善良融入生命的基底，用学习提升生命的质量，背负着自己的梦想与巨海的使命，默默前行。

再遇到有人丢下垃圾，他不会存一丝怨气与指责，也不会再无谓地担忧与焦虑。

他依然默默上前拾起垃圾，然后心里说一声："这个世界会越来越好的。"

作为年轻的巨海人，他将一直努力前行。

"相信相信的力量，相信是万能的开始。"这是成杰无数次在课堂上向人们分享的智慧。

---

# 巨海十年，相信未来

小时候学过一首诗，叫作《相信未来》。"我坚信人们对于我们的脊骨，那无数次的探索、迷途、失败和成功，一定会给予热情、客观、公正的评定……"

多少年过去了，无数次在失意或受挫的时候想起它，觉得再次充满力量。

一家卓越的公司，需要优秀的领导。

2008—2018 年，巨海在成杰的带领下开启十年征程，厚积薄发。2019 年，巨海开启新的十年，在行业内抱朴守拙，在发展上万象更新。

2019 年 6 月 5 日至 6 日，巨海 11 年来首次开展巨海公司企业文化大训。成杰说，巨海要成为一家卓越的公司。

帕斯卡提出："人，因为思想而伟大。"人显然是为思想而生的。我们的全部尊严就在于思想。

所以，正是无数优秀卓越的人不断运转的大脑碰撞出无数火花四溅的思想，更不断地将曾经无数人不敢想象的可能付诸实践，他们的思想才成为伟大的思想，他们的企业才成为卓越的企业。

卓越是伟大，它优于平庸，超于自满，始于学习，日日精进；卓越是勇敢，它敢于突破，从不设限，不惧前路，不畏艰难；卓越是谦恭，它心存敬畏，以人为镜，不露锋芒，虚怀若谷……

2018 年 12 月 21 日，成杰在巨海十周年庆典中致辞：

"我看到、听到、感觉到并深深地知道，我生命的目的就是成为一位卓越的巨海人，对内成就同仁，对外造福顾客，让我们用内心之火和精神之光去照耀亿万企业家的生命。"

巨海要成为一家卓越的公司，是因为具有伟大的使命感。这份使命感驱动着企业的发展，更吸引着无数人汇入巨海，一起策马未来。

巨海公司执行总裁、巨海上海分公司总经理李玉琦在集团文化大训中再次谈到当年自己被巨海吸引到的原因，就是巨海捐建101 所希望小学的高尚愿景。因为他自己就是在家乡希望小学上的学。读书改变命运，梦想带来希望。

在中国，还有许多像当年的自己一样，生于贫穷的家庭却渴望学习的孩子。李玉琦明白，一个人的力量是有限的，他将用毕生的时间去靠近太阳，汲取爱与光芒，终有一天也可以拥有回馈家乡的能力。

从进入巨海开始，他便相信，这是一家可以赋予自己责任与能量的公司。

所以，带着这样的一份信任，他改变与成就了自己。

"相信相信的力量，相信是万能的开始。"这是成杰无数次在课堂上向人们分享的智慧。

帮助企业成长，成就同仁梦想。所以，对于因为信任而走进巨海的顾客，从此终身受益。因为在巨海，每一份承诺都将成为巨海人的一个目标。这个目标可能藏在无数次的电话咨询里，可能写在半夜才完成、密密麻麻的商业计划书里，可能晒在三伏天的太阳底下，也可能揉进寒冬刺骨的冷风里。

事实上，巨海的承诺，终为顾客撑起一片广阔的天空。与巨海合作的企业，平均有超过 30% 的业绩提升，员工的胸怀、格局、态度等都获得质的飞跃。就如同巨海与中国知名品牌波司登羽绒服建立战略合作关系后，执行总裁梅冬分享的那样，要像巨海一样，打造一家向上向善的学习型企业。

也常常有人问成杰，成功的秘诀是什么？成杰在此次集团大训上又分享了四个字——做好自己。

我们没有办法决定别人，但是可以替自己做决定。以企业的发展来说，如果每个管理者、每个员工都能把自己的每一份工作、每一份责任做好，巨海就会变得无比强大。

人生其实只需要做好 10 个字：简单、专注、聚焦、极致、持续。而如果持续、专注、聚焦地重复一件事，将拥有强大的力量。很多年轻人找工作，问的是能拿到多少工资，却从来不问能为企业创造什么价值，能为自己增长什么经验、提升什么能量。回顾巨海十年，那些一路走来并且获得成功的人，恰恰都是不怕付出、对巨海充满了百分之百信任的人。

重复地做一件事、跟对一个人、服务一家企业，他的成长也是令人惊叹的。

成杰以巨海公司副总裁何开举的收入为例：2009 年，年收入 10 万元；2010 年，年收入 20 万元；2013 年，年收入 30 万元；

2017 年，年收入 100 万元；2018 年，已经超乎你的想象。

且不说他个人产生的价值，单说他服务的企业产生的社会价值，已经远远比个人收入更加光彩熠熠。而这些都源于最初的相信：相信自己、相信巨海、相信未来。

只有做到初心的纯粹，才能创造出伟大的奇迹。

2015 年，屠呦呦凭借几十年来对青蒿素的研究，获得了诺贝尔奖，这一年，她 85 岁。这一生，她的生活简单到眼里只有研究和家人。但就是这样纯粹与坚持、不图功名、不问归途的人，却获得如此伟大的成就。

巨海十年，因为成杰热爱教育事业的一份初心，巨龙腾飞、海纳百川；而未来十年或者无数个十年，巨海将以更多的产品创新和道德坚守，去回馈无数巨海人和顾客最初的那一份"相信"。

相信理想、相信爱、相信希望、相信未来。

相信。那一刻我相信，这就是世界上最美的词语。

第八章 —————————

# 演说创造奇迹

人们并没有想到过，就在不到一年后的某一个时刻，这粒种子突然于时代与命运中崛地而起，叶叶生发，并且火速绽放出智慧之花。

# 筑起心的长城

2018 年 12 月 18 日，巨海十周年庆典，成杰在 15 分钟的演讲中，无比郑重地反复提及"十年"这个关键词，大致估算了一下，不下十次。

是的，巨海十年，既是一段成杰披荆斩棘的奋斗旅程，也是一首巨海跌宕起伏的创业史诗，更是一次中国民营企业在中国宏观经济发展下乘风破浪的见证。

所以，在成杰对"十年"饱含深情的回顾中，其中有很大一部分来自中国从 2008 年来十年间的巨大嬗变。巨海从创业初期的 5 个人，到十年后的 300 名员工；从一家公司，到十年后成为拥有 10 余家直营分公司、近百家联营公司的集团企业；从创业初期租来的 160 平方米写字间，到十年后购置 3000 平方米的独立办公大楼……成杰并没有把其中的辉煌建树归功于个体，而是感恩于社会的发展和包容。

而这，或许便是十年来巨海从一家名不见经传的小公司傲然挺立于教育培训行业潮头的源头之一。因为在巨海创业十年的里程碑上，赫然刻着巨海创业之初立下的使命：帮助企业成长、成就同仁梦想，为中国成为世界第一经济强国而努力奋斗。

2019年，巨海进入创业的新十年。

正如成杰在演讲中所言，十年是一个新的征程，巨海要成为一家伟大的公司。他没有沉溺于巨海当下的成功，而是沉下心来，将自己与巨海过去的十年做了一次复盘，得出一个将财富、成功以及心态统统归零后的重要战略思想——服务赋能营销。这是在巨海业务量几乎达到饱和状态的阶段，巨海斥重金请一家知名咨询公司对企业服务体系进行全方位的诊断咨询得出的结果与结论。

那应该是巨海业务增长最快、收益最高的一年，成杰却刻意放缓了营销，他想把目光再放远一点，做一些跟未来十年有关的事。如果单纯地从经济价值来计算，这一年，巨海放弃了极高的营业额。但正如成杰所言，一切有形的都是有限的，一切无形的才是无限的，如智慧、能量、文化以及精神。

虽然从根本上，这一年，巨海整个团队，包括成杰本人都还是在第一线奋斗，但是，还有大部分营销人员于多年的习惯养成中，依然保持着对演讲老师现场营销的依赖，"服务赋能营销"这个战略在实践中像蜻蜓点水般掠过，并没有激起太大波澜。

而思想却如一粒种子，悄悄地扎进了巨海的泥土，并在短暂的黑暗与寂寞中和成杰一起坚守着对顾客的一份感恩与忠诚。人们并没有想到过，就在不到一年后的某一个时刻，这粒种子突然于时代与命运中崛地而起，叶叶生发，并且火速绽放出智慧之花。这是后话。

在智慧之花真正绽放之前，巨海不断往自己的智慧土壤里储蓄力量。2019年，巨海开始"走近市场，亲近顾客"。正如成杰所言：离市场越近，离成功越近；离顾客越近，离财富越近。后来的成杰对那段工作进行回顾时，并没有给自己打满分，但他相信，这是一个认知和意识打通的过程。虽然结果不尽如人意，但当一年之后新冠肺炎疫情来袭，所有巨海人真正被强化和提升了服务意识之后，成杰的成长型思维与战略布局被注入了更多坚定不移的执行力。

战略方向上的调整，让巨海对人才的吸引、输入、培养有了更进一步的重视和提升。2019年6月，巨海创业十年之后，首次开展巨海企业文化大训。十年来，巨海人遍布中国，从"60后"到"00后"，跨度40年，随着时代的浪潮不断更新迭代。以文化人，以学立人，以礼修人，以事成人，伟大的文化造就伟大的企业。巨海人相信：军事和经济可以让一个国家变得强大，精神和文化可以让一个国家变得伟大；销售和创新可以让一家公司变得强大，精神和文化会让一家公司变得伟大。

在巨海企业文化大训开始前，成杰让大家叩问自己5个问题。

（1）巨海人有多了解巨海？

（2）巨海人有多了解创始人？

（3）巨海人有多了解巨海发展史？

（4）巨海人有多了解巨海文化？

（5）巨海人有多了解卓越的巨海人？

只有让所有巨海人循着巨海的发展轨迹，一起溯源巨海文化，浸染巨海精神，才能真正持有巨海精神，去贯彻与落实巨海于2019年所提出的"人才制胜，服务至上"战略中心思想。

我们不做昙花一现的英雄，而要做长期主义的领袖。在那次企业文化大训上，巨海也首次升级了企业愿景：成为中国商业培训优选服务平台。巨海还邀请了部分合伙人与顾客参加盛会，让他们更加懂得巨海的内核，也更有信心与巨海在未来的创业之路上携手同行。

在成杰分享自己十年创业之路时，许多嘉宾当场落泪。巨海企业家讲师，2014 年开始跟随巨海一路成长的丁海燕便是其中一位。丁海燕 2000 年下海创业，也曾风光无限、满盘皆赢，但人生总是于起起落落里给人们一个观照自己和重新出发的机会，在她的人生、事业甚至情绪都跌落低谷时，巨海为她打开了一扇生命智慧之门。8 年时间，她从台下走到台上，从学员变成讲师，将精进的内容结合优秀的实践，凝聚成一堂精品课程——"管理的科学"。

在成杰发自肺腑的创业回顾中，或许丁海燕再一次忆起了那些九死一生的创业心路，也许再一次感受到濒临绝望无所牵绊时巨海输送的智慧与能量。她落下的泪，是感动，也是感恩。而巨海华南分公司总经理刘科征在课程结束后更是无比感慨，如果所有顾客都能来企业文化大训，除了员工更懂得巨海，也能让顾客更加靠近真实的巨海，从而多一分理解、认同。

事实上，此次企业文化大训结束后，许多企业家回到公司的第一件事，便是进行了自己的企业文化大训，这是一份超越利润之上的追求，同时是一个高瞻远瞩并且脚踏实地的经营战略。

回顾 2019 年，成杰觉得自己就像一根绷到极致的弦，担负着无数重任，更揣有许多梦想，随时等待着射出巨海的又一支惊天长箭。

无论是演讲舞台，还是课程现场，以及任何工作状态下，成杰的能量随时随地都如大江大河般汹涌而至，鼓舞与感染着所有人。但这样的奔腾与释放，因缺少源头的供给与滋养，渐渐让从未迷茫过的成杰感到疲惫，也会偶尔质问起自己创业的意义何在。

那一年，无论是对长辈，对妻子，对儿子，还是对身心，成杰都是有所亏欠的。但巨海发展到当下，顾客需求和商业效益如一根长鞭，不停地催促着他往前，再往前。特别是每每看着团队亢奋又渴望成长的状态，他来不及关照自己和家庭，只能一边反思，一边揣着调整升级后的愿景与使命，马不停蹄。

2019 年是巨海新十年一个重要的里程碑，成杰和巨海人都相信，自己所有的付出都不会被辜负。2019 年 6 月 18 日，巨海公司总部及上海分公司整体迁入上海华泰中心巨海的新办公楼。这是巨海第 5 次乔迁，每一次办公环境的改变与升级，都是成杰用巨海的成长与辉煌反哺巨海人的喜悦与信心。

巨海斥巨资购下 3000 平方米的办公大楼时，成杰回想起创业初期捉襟见肘的局促、颠沛流离的奔波，却始终心如磐石地笃定。他站在五楼的露台，看着小荷初绽的秀美、翠竹环绕的葱郁以及松影疏离的雅趣，用石碑上"日精进"三个字再一次给予自己不断创新、创造的勇气与智慧。

成杰想起自己有一年站在嘉峪关上怀古思今，看到横贯历史千年长河、冠绝中西建筑奇迹的万里长城，其实也不过是一块砖垒着一块砖、一抔土和着一抔土这样艰难筑成。同时，也明白人类所有的伟大，都是因为怀揣着一颗长期主义的决心，与时间、环境乃至命运永恒地抗争。

在这场"抗争"里，没有残酷的杀戮，没有恶性的竞争，有的是热爱与梦想、奋斗与激情。它让我们用一天一天的学习与成长为自己的生命筑起一座"心"的长城。

巨海十年，成杰是一只飞鸟。在云中翱翔，俯仰天地，翻覆命运，他清晰地判断宏观时势，然后做出各种成长性的决断。

## 蜻蜓之眼，贴地飞行

2020年无疑成为全世界历史上重要的年份。突如其来的新冠肺炎疫情迅速改变了世界格局，全人类命运与共，大部分国家出现经济负增长。

而中国经济也发生了巨大的起伏与变化。中国社科院城市与竞争力研究中心与企查查大数据研究院2021年联合发布的《2020中国企业发展数据年报》显示，直播电商无疑是2020年突出的新经济状态。

从另一种层面来讲，直播行业的兴起其实是人们在经济大幅衰退时的自救。除了明星与职业主播，为公司发展焦虑的"大佬们"也纷纷加入到直播大军的行列。

疫情之后，巨海除了线下课程全部叫停，也面临着大量停课退费情况的发生。但以成杰历来的性格，接受与等待都不是他面对命运挑战的方式。于是一个叫杰哥的"霸道总裁"横空出世，成为巨海线上课程的代言人。

也许直播行业对于商业培训与咨询管理并不是最好的载体，但直播课的销售、团队的转型成为特殊时期拉动巨海全员热情与凝聚力最好的方法。

从另一个角度来讲，疫情下经济与工作的停摆，给了成杰一个彻底放松与放空的机会，直播之余的大量时间，除了安心陪伴家人，他反复咀嚼 2019 年提出的"服务赋能营销"的战略方针，突然茅塞顿开。真正的赋能，不是浅尝辄止的锦上添花，还需要对症下药的雪中送炭。

国内疫情相对控制之后，企业开始全面进入复产复工状态。许多顾客向巨海和成杰抛来问题，在相对低迷的市场里，企业如何重振旗鼓？如何让员工迅速进入复工状态？企业如何在绝境中涅槃重生？

面对种种困境与问题，成杰丝毫不敢松懈，在与秦以金老师讨论之后，结合 2019 年提出的"走近市场，亲近顾客"，迅速做出更适合疫情之后的决策——走进市场，赋能顾客。

2020 年 4 月 12 日，浙江金华燕方归城市会客厅迎来了 20 余位巨海智慧书院的企业家，关于企业经营与商业成长的分享会在此开启。许久未见的师兄在茶室燃起一炉香，于一壶热茶里探讨企业在危机中的经营哲学。思想的聚焦与碰撞、行业的浸透与融合，将众人的智慧升华，而巨海也以疫情时期大胆的转型与顺势而为作为经典案例，为大家提供了理论上的实践依据。成杰还分享出以下精彩内容，让大家积极地应对危机、拥抱未来。

（1）归零心态。企业经营者需要随时保持创业的初心与胆识。

（2）全员传播。每个员工都是自媒体，要培养员工的实时传播能力和社群运营能力。

（3）服务至上。我们缺的不是竞争对手，而是服务对象。

（4）迎战未来。打通思维，改变行为，打破边界，重塑未来。

这些真挚、务实而又充满战略眼光的经营哲学，让巨海智慧书院的企业家仿佛在迷雾笼罩的夜里看到未来的一线曙光。

也许当时有人尚存侥幸心理，认为疫情不过是洪水猛兽，待它一股蛮力之后，经济与民生都会回归平静。但随着疫情的此起彼伏，人们发现没有任何人可以帮助自己的公司营业，而早早跟随巨海做好了应战的人，因为及时的反馈能力与知识和资源的储备，所以拥有了一份强大到可以持久对抗不确定性的心理素质和战略准备。

金华一行，更加让成杰看到企业对巨海的期待与信心，随即在"服务至上，价值取胜"这一战略中心思想的基础上着重提出了指导方针：服务是为营销赋能，咨询是为培训赋能。

也许从某种意义上讲，当成杰胸有成竹地于课堂上为企业绘制愿景和蓝图时，当成杰不断提出企业文化建设与企业家梦想时，他其实也无比热烈地期待着会有一天能够真正与顾客站在同一个水平线上，面对命运扑面而来的滔天巨浪，站成教育培训行业中真正的中流砥柱。

当市场陷入僵局，当企业面临困境，当团队人心涣散，当老板自顾不暇，成杰相信今时今日的巨海，即使也面临经营缩水、顾客退费的暂时困境，但自己却有足够的经验、能量、智慧甚至资源，为危机中沉浮的人们点一炷心香、渡一叶轻舟。

接下来一个多月的时间内，成杰在全国各地奔走，为 10 余家企业进行一对一的顾问式咨询服务，通过调研、访谈、面对面的咨询辅导，毫无保留地提出实战性解决方案。

当成杰老师四处奔走于全国各地时，巨海的一位老朋友默默地关注了他的朋友圈许久。统帅装饰年销售额已经达到 20 亿元，但作为其领袖的杨海伴随着巨海一路走来，深刻感受到学习与成长为企业带来的巨大效益，对企业文化和团队建设依然保持着极高的重视。

2020 年 6 月 29 日，成杰应邀走进统帅装饰，进行了为期半天的企业顾问式咨询，为董事长杨海及 18 位高管带来实战、实用、实效的经验分享和一对一解答。此外，在对统帅的学习型组织进行进一步咨询后，完成了升级与优化，梳理出一套清晰的执行落地方案。

咨询结束后，杨海感慨万千："我从 2005 年创立统帅，就一直在不断寻找自己身上的短板，弥补不足。在危机与巨变中，我们是涅槃重生还是回归尘埃，取决于我们是否直面危机，向困难挑战，对自己进行革新。"

在杨海看来，结束只是成长的开始。此后统帅装饰一鼓作气、趁热打铁，又在成杰老师的指导下启动了"领导力成长计划"。从在线打卡学习到领导力的成长，为 60 位高管进行了领导力打造。此后，在成杰老师的指导下进行了企业文化升级，根据自身行业属性和企业特色，成功完成了统帅装饰 2020 年企业文化大训。

而在杨海身上，成杰老师也深深地意识到，越优秀的企业越能激发出更深层次的灵感和潜能。事实上，疫情之后，统帅装饰越战越勇，在整个房地产和装饰行业低迷的状态下，业绩一路飘红，稳健增长。

在落地咨询、下沉服务这一系列改革与创新中，巨海的课程设计与体验感也再一次得到了梳理与升级。在课堂上，除了演讲与授课，还结合落地咨询的有效结果，加入了"微咨询"和"落地服务"环节。"微咨询"是成杰老师或讲师在课堂上收集顾客的实际困惑和问题，选出最具代表性的当场作答。而"落地服务"则是根据企业需求，有针对性地安排咨询老师，分不同的专业领域进行小组式的答疑解惑。

这对讲师个体与行业的渗透以及自身经营企业的实践经验来说，都是一种巨大的考验，但对顾客而言，于一方有限的空间，获得更加广阔的认知与体验，除了惊喜之外，还有满满的收获。

如果说疫情之前，巨海的成长大部分依赖于成杰与其他优秀讲师的演讲效应，那么疫情中，巨海用"走进市场，赋能顾客"将巨海的智慧之根深深地扎向了每一寸可以踏及的土地。

从邀请顾客上门，到主动走访市场；从顺应时令地撒种，到有的放矢地深耕；从课堂上的一对多学习，到落地诊断一对一赋能。巨海此次变革，大力扭转了多年来的经营模式，也将教育培训的意义提升到了一个新的高度。是啊，今时今日的成杰，除了具有用演讲影响他人的梦想力，更具有用智慧改变现状的领袖力。

正如教育学家佐藤学说："教育研究有三个视角——飞鸟之眼、蜻蜓之眼与蚂蚁之眼。"

巨海十年，成杰是一只飞鸟。在云中翱翔，俯仰天地，翻覆命运，他清晰地判断宏观时势，然后做出各种成长性的决断。

也许十年后的成杰，会像蚂蚁一样回归到一块平静的田园。雄心壮志已然如过眼云烟，但他依然用全部身心去热爱着这个世界，用自己的身躯丈量土地，用智慧的触角去感知每一丝生命的信息。

而当下，伴随着巨海步入新的十年，成杰愿做一只蜻蜓，贴着地面飞行，不过多追求速度与高度，而是努力亲近与反哺这块养育自己的土地，感恩与支撑帮助过自己的人。除了飞鸟的宏观视野，他要用一双蜻蜓之眼，对具体环境、当前气候下的生态进行更准确的认知与把握。

这样的视角，犀利而智慧，勇敢而务实。

如果说过去的他像一轮太阳，充满着热情、温暖、积极与力量，那么这一年的他就像一弯明月，温柔地照耀你，却不会掠夺属于你的那份荣耀与光华。

# 回归本真，从心出发

　　回顾 2020 年，恐怕许多人都有一种坐云霄飞车的感觉。人被悬在半空，要么突然被抛向天际，要么突然如自由落体垂直下坠，一颗心脏随着命运的起伏与摇摆在身体里"怦怦怦"地跳动。理性会告诉你，你没有生命危险，但是当所有人的惊恐与尖叫织成一张大网时，你陷入其中，也可能难以控制地从喉咙里挤压出尖叫声来。

　　这一年，除了稳固和建设巨海自己的企业文化，建立更有高度的企业战略，巨海的发展并没有停滞，反而在商业培训的基础上将教育板块辐射到青少年以及国学方面，计划建立全产业链的教育版图。此外，站在巨海未来发展的战略布局，成杰还进行了文创产业、酒店行业等方面的投资。他大步向前，稳中求进。

　　回过头来，成杰也会谦卑地认为这一年自己的人生还少了一个"定"字。疫情突发、人心起伏，生命如同一条大河，起起落落间，偶尔也会随波逐流。在一些投资上，成杰也有失策，但在生命的蓝图上，梦想的主旋律早已确定，他懂得及时止损，顺势而行，然后在适当的时间停下来，反观与复盘。

与此同时，2020年，上海巨海成杰公益基金会与上海市慈善总会长宁分会联合成立阳光助学基金，从过去每年资助50名贫困大学生增加到101名，成杰个人还捐出101万元。无论世界如何变革，无论市场怎样动荡，成杰也从未忘记自己创业的初心，在捐建101所希望小学的梦想基础之上，他不断为公益事业献礼，也不断为山区的孩子们赋能。

到2021年，成杰已经赤手空拳走出大凉山整整20年了，进入教育培训行业19年，创立巨海13年。浩瀚的宇宙星空下，个体的成功与奇迹不过是沧海一粟，但在历史巨大的轨迹中依稀可见中国民营企业携手巨海创下的辉煌，在季节明朗的变幻中隐约听见自己用青春唱响的时光，我们无须左顾右盼、权衡利弊得失。在从未倦怠的奔跑与攀登中，我们无愧于心，更将一路风光装满了青春的行囊。当回首无悔，则前行更有力量。

13年来，巨海公司开设各类课程数千期，直接听众达数百万人次；13年来，巨海致力于传道授业，已经帮助、影响、成就了无数企业家；13年来，巨海心系公益事业，截至2021年，已成功捐建了18所希望小学，资助了2500名贫困学生。

但所有的成功与成就，其实都源于2008年汶川地震后那一场赈灾演讲。他回忆起那个无欲无求、满腔热忱的舞台，回忆起彭清一教授至善至柔的谆谆教诲，回忆起自己对公益的初心、慈善的纯粹，那种用梦想塞满胸腔，将善良浸入灵魂，再将勇气注入骨骼的青春年华。他无比确信，那才是应该毕生追寻的成功意义与生命价值。

2020年年末，在确定巨海12周年主题词时，有8个字第一时间跃入成杰脑海：回归本真，从心出发。成杰在巨海12周年庆典演讲中说道："本真就是源头。回归本真就是回到真实的最

佳状态。我时刻问自己，从事教育培训 18 年来，我的激情是否有所减少？最后的答案是，我的激情每一天都在不断地往上涨。我又问自己，12 年来有没有因为今天的一点成绩而骄傲自满？我告诉自己，所有的一切都将归零，因为只有归零，才能更好地从心出发。"

是的，从这一年开始，人们隐约在成杰身上看到"心"的变化。如果说过去的他像一轮太阳，充满着热情、温暖、积极与力量，那么这一年的他就像一弯明月，温柔地照耀你，却不会掠夺属于你的那份荣耀与光华。

从一件件面料讲究、做工精致的制服，到柔软舒适、随心所欲的禅衣茶服；从每天不间断地工作与读书，到独自寻一间雅舍，泡一壶茶，闭目打坐；从马不停蹄地奔走于各个机场，到课程结束后给自己两天时间感受脚下的这块土地与人文。

成杰回归本真的第一件事，就是开始倾听自己内心的声音。在他投资的项目里，也大多是自己发自内心的热爱，才希望分享给更多人。

从一座城市飞往另一座城市，从一家酒店换到另一家酒店，这仿佛成为成杰的日常。人生就是如此，被禁锢于命运的牢笼时，渴望飞鸟一般的自由；驰骋于江湖之上，却开始期待一片生命的净土。有时候成杰于旅途颠沛中会想到有那么多学员和顾客为了赴巨海这一场智慧之约，牺牲了与家人相聚和休憩的时间，是不是有一天，自己也能为巨海、为巨海的顾客，也为自己打造一个充满灵性、美感以及相对便捷的智慧空间。

从 2018 年开始提出打造属于巨海的智慧酒店之后，成杰将酒店定位、选址在离上海只有一小时车程的古镇西塘。在西塘，静是青砖黛瓦、幽幽弄堂，动是波光舟影、翩翩丽人。千年的石板路承载着人间百态，而蜿蜒至今的烟雨长廊接住历史的风霜。在西塘，仿佛每一角屋檐都藏着故事与玄机，但每一面白墙都流露着少女般不谙尘世的朴素与皎洁。

所以，成杰热爱着这样在时光里周旋的真、善、美。他更愿意把智慧酒店当作另一个家，让巨海智慧书院的师兄们每每到上海，除了巨海大厦之外，还有一方心的归处。而他自己，也会在上课之余坐在潺潺的流水旁，伴着鸟鸣与花香，闭上双目，仿佛又回到老家大凉山的院子里，而父亲还在身边。

"人之初，性本善。"回归本真，回归的是一种恬静、纯朴、平和的心境，也是一种善良、公平、正义的品性，更是一种真实、自在、愉悦的生活。

但站在商业角度，回归本真，是回归企业文化、回归商业精神、回归顾客价值。自 2020 年巨海在统帅装饰成功进行"落地咨询"之后，统帅装饰陆续进行了"领导力成长计划"，收获颇丰。

在巨海提出"回归本真，从心出发"之后，2021 年 6 月 1 日，统帅装饰继续召开企业文化大训，深入推进了企业文化建设。

统帅装饰董事长杨海在企业文化大训上，除了再一次回溯自己的成长经历和创业历程更通过 16 年的发展历程提出只有把每一件事做到极致，才能赢得市场的青睐。他说统帅所处的家装行业，既不是高科技，也不是玩金融，而是一道道工序、一项项流程做出来的，要时时注意细节，处处留心小事。

成杰与统帅装饰董事长杨海合影

成杰于2021年6月出席统帅装饰企业文化大训

所以，统帅的回归本真，是回归创业之初的那份小心翼翼与如履薄冰，是回归到对每一位员工的谢意与责任，也是回归到对每一位顾客的诚信与承诺。

在统帅企业文化大训上，成杰表示，一个服务型企业，如果脱离顾客价值，就失去了存在的意义；一位员工，如果不能为顾客提供服务，那么他离失业也就不远了。

为了帮助统帅人将企业文化融入日常工作，成杰分享了执行力的三大层次与人生成长的三大核心、四重境界、五大功效，要求大家时刻谨记：我是统帅人，是公司最直接、最简单、最形象的代言人，而身为统帅人，对公司、对老板最大的贡献就是把自己练成独立自主、独当一面的人才。

战略为根，文化塑魂。统帅装饰这一次成功的企业文化大训，也是成杰自提出"回归本真，从心出发"之后，对个人、对企业、对顾客的又一次真诚交付。

由此，成杰在 2021 年还悟出，除了持续培养和培训人才，老板最重要的事还有持续寻找、凝聚人才。这一年，除了外出讲课的时间，他尽可能地留在公司，亲自面试了 200 多人。他要让每个有心、立志到巨海工作的人，将自己作为巨海的一扇窗户，了解真正的巨海，了解真实的自己。面试者看到的成杰，没有演讲舞台上的震撼，没有宣传视频里的光环，他温和低调、低眉敛目，用一杯茶的时间，将巨海的创业史、发展史、愿景与梦想，以一个亲历者的角度，向人们娓娓道来。

适当慢下来，不是贪图享受，也不是心存惶惑，而是在拥有了清晰的战略方向之后，用一分洒脱、两分从容、七分智慧，让巨海的发展之路更宽敞、更坦荡、更圆满。

# 一代人有一代人的长征

2021 年 5 月，首期"巨海商业学堂"开班，翻开巨海又一页历史篇章。"巨海商业学堂"结合巨海多年核心优势，联合多位国内实战名师，通过系统的"7+3"模式解决企业问题，让企业家专注于企业经营管理系统化学习，真正成长为企业的精神领袖。

企业就像一棵树，不同阶段会经历不同的成长，也会有不同的需求。巨海，作为一片滋养树木的土壤，让人们持续在教育培训中成长，也将不断推动经济稳定、行业健康、社会发展、国家强大。

到 2022 年，巨海创立 14 年整，是区别于大多昙花一现的教育培训企业的一枝独秀。但成杰与高管团队从未满足当下的成功，不断地推陈出新、创造奇迹，即使遭遇新冠肺炎疫情，处于市场巨大的波动与起伏间，巨海依然挺立潮头、直面危机，研发出适合当下国情与市场环境的课程与产品。

成杰在巨海 13 周年的访谈中提到，企业强大自己，立于不败之地的关键，在于持续不断地学习、成长、精进，不断地创新、创造，不断地打造学习型组织。同时，他为企业提供了"强大"的六大路径。

（1）学习新知识。

（2）练就新技能。

（3）建立新认知。

（4）打开新格局。

（5）触摸新商业。

（6）打造新组织。

如同14年前逆水行舟辞职创业，成杰从未原地踏步。成杰把2022—2024年定位为巨海新十年发展战略的第二个阶段——重塑。所有的成绩仅仅被载入公司发展史珍藏；所有的辉煌不过是拼搏与奋斗之后的余味；而所有的未来，将由巨海人一笔一笔重新勾勒在中国教育培训行业的大屏幕之上。

重塑，是巨海对自身产品、管理、战略、品牌的重塑，也是希望通过在教育培训行业中的持续耕耘，对渐渐迷失于物质世界中的人们进行世界观、价值观、人生观的重塑。重塑是创造，也是牺牲。

2021年10月8日，巨海公司正式启动了"巨海事业合伙人项目"，并于12月3日召开了巨海事业合伙人专项会议。会议的核心内容是强调通过股权激励与事业合伙项目推进，为企业的发展赋能，并且通过研讨与培训，使得团队从上至下的信息传达做到一致性，形成思想上的共识。

但挑战来临之前，从来不会跟你提前打个招呼。进入2022年，中国新冠本土肺炎疫情遭遇了又一波浪潮，自3月以来，上海因疫情暴发导致的封控再一次立于风口浪尖。4月4日上午，上海首次开展全市全员核酸检测，覆盖下辖16个行政区，超过2500万人。

上海封控之前，成杰刚好外出开课。在时间的缝隙都被工作填满的过去，他曾无数次期待过有一天，自己可以不再被公司事务捆绑，不为责任约束，自由自在游走于山水之间，听着山涧中的水声、鸟语或虫鸣，将自己疲惫的身心彻底交还给大自然。

但成杰没有想到的是，这样的梦想竟然会以这样的形式到来。这或许便是命运的诡异之处——在给人们惊吓的同时，也往往附带着惊喜。于成都的青城山探幽，去雅安的蒙顶问茶，到杭州的西溪论道，至安徽的黄山踏青，成杰干脆将这份神仙般的自在作为提前送给自己的 40 岁生日礼物。

过去 20 年，成杰一直在追求着一种"满"的状态，阅读大量的书籍、见大量的人、吸收大量的信息、接触各种各样的资源。"流浪"在外的日子，成杰开始让"满"变为"空"——空闲、空无、空灵。他脱下为演讲舞台和课程现场定制的西服，穿一件布衣禅服，立于无人的林间或茶园，让春风把衣襟和情绪一起，扬起生命最原始的褶皱。当朗朗上口的《道德经》《生命智慧的十大法门》回荡于无人的山谷时，看起来是一份自由与不羁，却是一个永远的创业者随身携带的自省与自律。

他想起年前自己在合伙人项目会议上总结说过的话："年轻是一种状态，年老未必是年龄。巨海即将进入重塑之年，首要的就是管理者的思维重塑、业务能力重塑。从增长战略到增长联盟，巨海全面发布双引擎战略就是未来的发展核心。"

从底层逻辑构建金字塔模型，彻底打通产品体系、服务体系，以及未来事业合伙人项目的各个模块设计。打造好巨海教学体系，建设巨海商业学堂顾问团队，让聚焦点更鲜明、让服务创造客户价值，坚持做难而正确的事情，是走向成功的唯一路径。巨海事业合伙人项目持续推进，是巨海迈向新征程——未来成为上市企业的战略路径。

如果要将巨海做到上市，成杰必须将自己彻底从公司的管理事务与课程内容中解脱出来。未来的巨海要依托成杰，但绝不能依赖成杰。而巨海事业合伙人与巨海商业学堂的推进，便是这盘棋局里最重要的两步棋子。

理想状态下，巨海商业学堂每年将开 12 期课，每期 108 人。到第二个阶段一年 24 期课，至第三个阶段一年 36 期课，可以为巨海带来巨大的生产力。无论是为此增长的企业及个人财富、社会价值和影响力，还是企业发展与成长的空间，未来不可限量。而这些既是属于巨海的成功，更是属于巨海事业合伙人的荣耀。

*首届巨海商业学堂《领袖经营智慧》开班仪式*

优质的课程和品牌的赋能将为更多合伙人带来成就感和价值感，让人们的物质与精神获得巨大的丰收，推波助澜之下，巨海的上市指日可待。

2022 年伊始，因上海这一波疫情，成杰错过了许多课程，也错过了课程和演讲带来的商业机会，但他欣喜地发现，自己并没有错过这个春天。

春天的阳光下，遇见一片桃花灿然的成杰，随手拍下照片，并配上鲁米的一首小诗在朋友圈记录下来：

当我追逐以为的想要，日子满是痛苦和煎熬；

当我静待花开，温柔灌溉，

真正的想要，自然来到，烦恼不曾侵扰。

由此我懂得，我想要的，也想要我。

彼此寻找，相互倚靠。

此中深意，欲辩忘言。

在大都市与商场行走多年，成杰才发现，自己如此热爱"自然"——自然地追寻毕生所爱，自然地接受花落花开。于是他想把这一份自然更多地分享给巨海智慧书院的学员和巨海合伙人。他计划在不久的将来开一堂叫作"生命智慧"的课程，将自然与生命智慧完美结合，让人们走出严谨的课堂，与大自然对话，与生命智慧对话。

巨海创立 14 年，成杰深切懂得漫漫长征路上，创业者的压抑与孤独。所以，他希望这堂课可以为企业家提供一份调剂与安抚，让他们可以借着学习与成长，让偶尔疲惫的灵魂也能获得自然的抚慰、山水的疗愈。

行走之余，成杰也会虚心地观察与学习每一处下榻酒店的优势与亮点。虽然全世界都在面临文旅和酒店行业的严重缩水，但打造一家具有东方智慧的巨海智慧酒店是他从未忘记过的梦想。在他眼中，一家枕山卧水、俯仰天地间的酒店，不是产品，而是作品，除了涵盖巨海的课程及会议需求，成为孕育生命智慧、输出生命能量的母体，还能为顾客提供禅修、禅茶、辟谷养生、图书馆、文创产品等内容。

在成杰看来，人生又何尝不是一条漫漫长征路。如果说过去20多年，他的每一根血管、每一个细胞里都充盈着创业的激情与斗志，那么随着巨海在中国的教育培训行业开辟出一条独特又利他的路径，接下来的时光，成杰可能会如同清代李密庵在《半半歌》中写的那样——看破浮生过半，半之受用无边。半中岁月尽悠闲，半里乾坤宽展。

是的，适当慢下来，不是贪图享受，也不是心存惶惑，而是在拥有了清晰的战略方向之后，用一分洒脱、两分从容、七分智慧，让巨海的发展之路更宽敞、更坦荡、更圆满。

第八章　演说创造奇迹

> 演讲是一把火，将他的灵魂烧得炽热；演讲是一条河，推着他奔赴命运的征程；演讲也是一粒种子，深深植根于梦想的土壤，托起巨海基业的发展，长成一棵参天大树。

# 演讲创造奇迹

2019 年 3 月，杨磊因为身边朋友们都在推崇的一本《日精进》，开始了解并进入巨海学习。从 2015 年创立上海艾薇·杨美容咨询服务公司从事美业技术培训教育，到 2018 年组建导师团队，一边心有宏图，一边是管理能力不能同时升级不堪重负，杨磊知道自己必须做出选择：要么放弃，要么成长。

当杨磊第一次看到演讲舞台上掌控全场、挥洒自如的成杰老师，有个念头开始不断在脑海里盘旋，直至听到巨海 101 所希望小学的梦想，它便一个猛子似的扎下来，在杨磊的心里生了根——我要像成杰老师那样，成为一个闪闪发光的人。

在最初的学习中，杨磊并没有拿到很好的成绩。首次在四川眉山的"演说智慧"课程，第一次和学员比赛，她便败下阵来。但杨磊第一次感受到演讲巨大的魅力与影响力。它让人充满斗志，它让人拥有梦想，它让人对这个世界充满了无穷无尽的探索与热爱。

在另一次演讲比赛中，杨磊复制了别人演讲的一些语言和内容，却被阅人无数也阅读无数的成杰老师一眼看穿。成杰老师淡淡地说了一句："你套路太深了。"那一瞬间，杨磊泪流满面。她第一次意识到演讲首先需要面对的是一个真实的自己。做自己，活出真我。

成杰与上海艾薇·杨美容咨询有限公司董事长杨磊合影

杨磊告诉自己，一定要拿到结果。此后她以亲身体验告诉企业经营者，如何在烦琐的工作安排中将时间管理做到极致。她把所有的工作安排放在巨海的课程之后，把成长自己当作首要任务。事实上，每次学习完之后，公司业绩都变得特别好。

如果说之前对成长的期待是基于事业发展的限制，那么当下，她更希望有一天，自己可以传播给学员的不仅仅是一项谋生的能力，更是一种人生的大爱与智慧，如日日精进、爱与贡献。

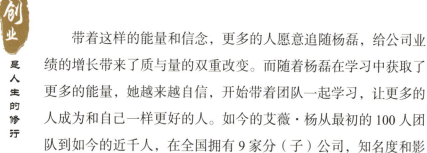

带着这样的能量和信念，更多的人愿意追随杨磊，给公司业绩的增长带来了质与量的双重改变。而随着杨磊在学习中获取了更多的能量，她越来越自信，开始带着团队一起学习，让更多的人成为和自己一样更好的人。如今的艾薇·杨从最初的100人团队到如今的近千人，在全国拥有9家分（子）公司，知名度和影响力在同行业中不断持续上升，销售业绩更是有了10倍的增长。进入巨海时，杨磊将本来计划购房的首付款毫无保留地交付了学费。

是的，如果杨磊当时用这笔钱买了房子，它的价值不见得有10倍的增长，但是当她投资了自己和团队的成长之后，产生的价值远远超出财富叠加的层面。她相信今时今日，自己的能量、思维、眼界、格局都已经被重新启动，在事业中游刃有余，在生活中从容洒脱。

不仅仅是乐于在巨海的演讲舞台上分享自己的成长，她也会在团队的课堂上、直播间里无数次地分享巨海带给她的成长与蜕变。从羞于开口，到勇敢发声，再到拥有为千千万万人传道授业的梦想。她用三年的时间创造了属于自己的传奇，并且她无比坚信，未来的自己还充满着无限的可能。

2021年7月，另一个同样处于瓶颈期的人也走入了巨海。彼时在成都从事外贸工作的周守卫，面临着辞职、创业的选择，进退两难。所幸于人生的拐角处，周守卫遇到了巨海。对于38岁但事业未成的周守卫而言，巨海的学费不低，但这并不影响他的学习质量和热情。每次两到三天的课程，他把每一个笔记本都用到了极致，一支碳素笔写完，最多时要换6次。几个月下来，手指磨出了老茧。

此时，巨海正在进入新十年的又一个拐点。2021 年 7 月，由成杰研发的品牌课程"商界演说家"像一声惊雷，响彻中国教育培训行业的上空。

在提出"回归本真，从心出发"的战略思想之后，巨海做出了一系列快速反应，产品和团队都有了巨大的变化，疫情与危机之下，公司反而有了更多发展机会和成长路径。

但成杰反观自己，从创业那天开始，仿佛被缚上一根无形的绳索，个人生活被商业与责任捆绑，将自己灵魂的诉求深藏于公司利益与团队利益之下。偶尔在万籁俱寂的夜色里，他会想起那个第一次站在学校舞台上为大学生们做着创业分享的自己，或者 2008 年站在慈善舞台上为汶川地震奉献一份力量的自己。

是的，对成杰而言，演讲是一把火，将他的灵魂烧得炽热；演讲是一条河，推着他奔赴命运的征程；演讲也是一粒种子，深深植根于梦想的土壤，托起巨海基业的发展，长成一棵参天大树。

而如今，成杰希望把演讲还原成山谷间的一泓清泉。它不似火焰的光亮，没有江河的澎湃，也不会像种子一样把力量全部爆发。它不疾不徐、汩汩流淌，它把多年来生命的能量与蕴藏的智慧清澈无比地呈现在不经意路过的人们眼前。

成杰的奋斗史，也是一部个人演讲的进化史。从 2003 年 7 月 17 日，听到一场演讲，他决定进入教育培训行业，从而改变命运；到 2007 年，黄浦江畔 101 场演讲练习，登峰造极、超越自我；到 2008 年，一场汶川地震捐款的公益演讲唤醒了灵魂，从而塑造生命；再到 2011 年，与演说家李燕杰教授、彭清一教授和刘吉教授同台，名师论道、挥斥方遒。

此后，因演讲而品牌力和影响力不断上升的巨海，开始不断地吸引到众多国际演说家登上巨海的舞台。

当越来越多的商界领袖、业界精英开始为巨海赋能，为巨海顾客提供更多领域的商业价值、文化价值、社会价值，成杰没有丝毫失落，反而对自己的定位进行了又一次的深度思考。

而行动，便是对思考最好的回答。成杰将 19 年公众演讲经验再一次复盘，并结合当今商业的发展趋势和顾客价值需求，重新打磨、锻造出一堂快速提升公众演讲能力的实战课程——"商界演说家"。

课程围绕演讲的知识、成长、故事、信念、进阶等多个系统进行科学化教学，帮助人们快速掌握从演讲小白蜕变成演讲高手的实战秘诀。课程中更有巨海讲师团亲临助阵，一对一辅导，手把手教学，陪伴式学习成长。而每次课程设有演讲比赛环节，和众多演讲高手比赛、竞演，共同争夺比赛冠军，让每一位学员充分体验到实战、实用、实效的演讲魅力。

成杰在中国演讲行业的地位与佳绩毋庸置疑，他深深地知道，演讲就是自己成长与成功路上的法器，当一个人可以把"演讲"这个能力发挥到极致时，便可以创造出连自己都未曾想象过的奇迹。

用演讲，成杰打破常规，刷新纪录，创造了令人难以置信的商业价值与公益价值；用演讲，成杰让所有同行刮目相看，从几十人，到几百人，直到 5000 人的演讲舞台；用演讲，成杰创造了人生中的登峰造极，2018 年巨海 10 周年的演讲舞台，成为所有巨海人的骄傲。

提出"回归本真，从心出发"之后的成杰，觉得自己更应该从心而欲，把自己热爱和擅长的事做到极致。事实上，在"商界演说家"开课以来，从市场调研和学员反馈来看，演讲的培训依然存在大量的市场需求。但满足这样的需求，不是因为巨海的商业目的，而是成杰步入教育培训行业的那一份初心：教育的终极目的在于激发一个人的想象力和创造力，教育的终极目的在于塑造一个人的使命感和价值观。

当初将自己毫无保留地交付给学习与成长的杨磊，当每每站在演讲舞台上为企业发声，为团队赋能时，内心也悄悄燃起一簇小小的火焰——她期待着有一天，可以通过持续学习与成长，成为巨海的签约老师。

38 岁的周守卫，事业未成，但他相信，巨海给予自己的舞台，不仅仅是伟大的梦想，还有敢说、敢做的勇气与智慧。他坚信自己终有一日也可以像那些优秀的学员一样，捐建一所巨海希望小学。

未来十年，巨海要帮助更多的普通人学会演讲。参加者花上为数不多的费用，利用演讲工具、演讲书籍、视频、直播、社群、线下课程，实现 OMO 线上线下深度融合。

张文宏医生说过一句话："在此刻看待今年和未来的很多年，我们可以相信，在每一个看似普通的选择面前保持不放弃，我们

第八章 演说创造奇迹

终究也能成为这个伟大时代的一部分。"

　　而成杰在用演讲创造奇迹之后，更愿意用最普通的方式帮助更多的勇士，去直面每一个波澜壮阔的时代。

商界演说

你是否因不会表达而错失机会
你是否因逻辑不清而丢失项目？
你是否因含糊表达而团队涣散？

成杰
CHENG JIE

# 商界演说家

演说改变命运
演说创造奇迹 COMMERCIAL ELOCUTIONIST

生命智慧的十大法門

生命的擁有在於時時感恩
生命的能量在於焦點利眾
生命的偉大在於心中有夢
生命的強大在於歷經苦難
生命的喜悅在於傳道分享
生命的價值在於普度眾生
生命的綻放在於內在豐盛
生命的幸福在於用心經營
生命的成長在於日日精進
生命的蛻變在於真正決定

摘自成傑智慧心語　荊霄鵬書

# CHENGJIE

2011年

2012年

2013年

2017年

2018年

2019年